中国城市化发展战略研究工程系列丛书

城市化典型案例

金德钧　主编

蔡义鸿　顾　晴　副主编

中国城市出版社

图书在版编目（CIP）数据

城市化典型案例／金德钧主编．— 北京：中国城市出版社，2017.12
（中国城市化发展战略研究工程系列丛书）
ISBN 978-7-5074-3109-4

Ⅰ．①城… Ⅱ．①金… Ⅲ．①城市化—研究—中国 Ⅳ．①F299.21

中国版本图书馆CIP数据核字（2017）第287694号

责任编辑：陈夕涛　张惠平　徐　浩
责任校对：王　瑞　李美娜

中国城市化发展战略研究工程系列丛书
城市化典型案例
金德钧　主编
蔡义鸿　顾　晴　副主编
*
中国城市出版社出版、发行（北京海淀三里河路9号）
各地新华书店、建筑书店经销
北京京点图文设计有限公司制版
北京圣夫亚美印刷有限公司印刷
*
开本：787×1092毫米　1/16　印张：14¾　字数：214千字
2018年1月第一版　2018年1月第一次印刷
定价：38.00元
ISBN 978-7-5074-3109-4
（904081）

序

胡存智

改革开放以来，我国国民经济取得了较大发展，城市化也取得了令人瞩目的进展，城市化率由 1978 年的 18% 提高到 2016 年的 57%，进入到高速城市化的起飞线上。同时，中国城市化进程因地域不同、阶段不同呈现极其复杂的局面。每一个地区每一个城市在具体项目的把握上都不是仅凭某一个理论可以指导的，也不是仅靠贯彻某一项政策法规可以奏效的，因此需要借鉴其他地方的案例。案例研究与理论研究的不同在于：因为案例“具体”而拥有比“抽象”丰富得多的信息，因为它揭示了真实的矛盾和解决矛盾的独特方法而具有参考价值。正如战例、病例、法院判例研究一样是经验研究，城市化案例因而也是当前中国城市化过程中最宝贵的信息。

总结借鉴国内外先进典型案例的经验，汲取国内外失败警示案例的教训，一直是中国国际城市化发展战略研究委员会的主要任务，也是中国城市化发展战略研究工程的主要内容。依托中国国际城市化发展战略研究委员会这一综合性平台，结合年度中国城市化发展战略研究工程重点关注、深入基层考察调研典型案例，以及城市领导者、企业决策者、项目执行者在我国城市化进程中富有创造意义的解决问题的特殊方法、有益经验或失败教训。十年来，中国国际城市化发展战略研究委员会通过案例库建设，对国内外典型案例进行收集、整理、分类汇编。在每年一度的中国城市化国际峰会上，从全国遴选出最具时代特点和普遍性的案例，通过“行家讲案例，专家点评”的方式深入探讨，已经成为中国国际城市化发展战略研究委员会城市化研究的一大特色。其中顺德北滘转型升级、德州两区同建等案例得到了党和国家领导人的关注。

2017 年，值中国国际城市化发展战略研究委员会成立十周年之际，本案例集精选十年来最具典型性的案例，分别在以下方面提供了前沿探索：

板仓小镇大胆迈出了市民下乡的探索步伐，为我国实现城乡双向流动积累了宝贵经验。

荣膺广东省首批国家级特色小镇第一名的顺德北滘镇，针对地方经济社会发展的内在需求将“要我做”变成“我要做”，是进入新常态之后一个工业重镇谋求产业突破天花板、城市化突破二元结构的选择，这种自下而上的努力也吻合了自上而下建设特色小镇的要求。

昙华林历史街区的保护与复兴，源自民间发起的文物保护情怀，始于政府的规划和基础设施改造，继之以文化产业的园区建设，探索出了一条城市中官方与民间开展多层次互动的真实、永续城市文化与社会建设的道路。

在劳动力外移的过程中如何把外出打工的农民工重新组织起来，如何将本地城镇化的农民组织起来，如何构建新型的政府、工商企业与农民三者的和谐关系，从而实现就地产业化与农民就地就业，如何解决土地流转后的农民集中居住面临的社会建设，浔龙河的实践探索提供了有益的启示。

地处偏远地区的巫溪县，因地制宜，充分利用尚未发掘而保存完好的乡土文化，通过“熟人社会”整合社会组织资源，挖掘源于生活、藏于民间的群众智慧，探索出了城镇化进程中社会治理模式，一条适合于欠发达地区“美得自然、建得从容、过得幸福”的城市化道路！

……

这些自下而上的实践是民间智慧的展现，更是理论、实践的大胆改革与探索。在波澜壮阔的中国城市化进程中，也许它们只不过是我国城市化大潮中泛起的一朵朵小小的浪花，但“以铜为鉴，可正衣冠；以古为鉴，可知兴替；以人为鉴，可明得失”。当案例引导人们将注意力转向城市化发展战略的资源整合与有效配置，我们就赢得了未来城市化可持续发展的主动权。

（胡存智　国土资源部原副部长、中国国际城市化发展战略研究委员会副主任）

目 录

一、农业转移人口市民化

助力青工活力“第三个 8 小时”

——基层政府在农业转移人口市民化中的作为

潘　芸　深圳大浪街道办副书记

明　亮　中国（深圳）综合开发研究院城市化研究所研究员

一、项目背景

农业转移人口市民化是国家新型城镇化面临的重大核心问题，而作为纯工业地带、外来青工占比高、人口净流入地的基层政府，究竟能在这一过程中扮演什么角色，开展哪些工作？大浪青工活力“第三个 8 小时”项目正是我们几年来的一点探索与实践。

大浪原属于深圳关外的工业地带，人口暂常比例倒挂，基础设施严重滞后。大浪位于深圳市中心城区以北，是从原深圳宝安龙华镇分设而来，现隶属于龙华新区。大浪办事处成立于 2006 年 4 月 29 日，辖区面积 37.84 平方公里，建成区面积 17.8 平方公里；下辖 5 个社区工作站、20 个社区居委会（均为“村改居”社区或称“城中村”社区）。现有各类企业 5600 多家（包括贸易、工业、商业等），总人口 48 万人，80% 为青年群体（18-40 岁），而本地户籍人口只有 9328 人，暂常比例严重失衡、倒挂，是典型的城市化滞后于工业化区域。

大浪 40 万外来青工的市民化是他们融入城市、成为城市居民、实现青春梦想的关键，而我们以青工活力“第三个 8 小时”作为重要切入点。工作时间长、收入低、工作不稳定等因素是城市农民工群体面临的普遍问题。而对于大浪 40 多万外来青工而言，婚恋交友、心理调适、成长烦恼、人生规划等问题更是经常困扰着他们。他们也是一群敢想敢闯、独立自主地选择人生道路的年轻人。经过长时间的接触了解，我们发现，他们渴望得到企业的认可、城市的接纳和社会的关爱。他们有强烈的参与社会、提升自我、展示自我的需求，希望通过努力和创造实现身份角色的转变，改变现实境遇和实现自己的青春梦想。

青工的素质决定着大浪的未来！正是在这一理念的引导下，我们一直关注青工的“第三个 8 小时”（第一个 8 小时是工作，由市场、企业来安排；第二个 8 小时是家庭生活，由个人自我安排；“第三个 8 小时”主要是指在业余时间、公共空间完成的社会活动，应由政府、社会共同安排），以此作为提升青工综合素质、促进他们更快成长的突破口。我们始终坚持提供扎根基层、便于参与的社会公益实践，创造改善公共活动空间，引进聚合外部社会资源，为广大青工朋友开辟了一条“主动参与—拓展能力—提升素质—融入城市—奉献社会—实现梦想”的发展之路，为他们营造充满活力的“第三个 8 小时”。

二、几点探索

（一）“主动引导”，积极创造青工公共活动空间

大浪片区是原深圳宝安龙华镇的配套工业区，片区功能单一，公共空间、生活配套严重不足。广大青工每天重复着“流水线—食堂—宿舍”三点一线式的单一生活，整个片区缺少公共活动场地，更少有青工文体活动。与深圳关内的城区不同，大浪片区更多的空间场地、物业资产等都归属于当地企业或本地社区集体经济组织。

因此，我们必须综合考虑并且兼顾社区、企业和广大外来青工的需求和利益，必须通过耐心细致的劝导和持续的配套资金投入，引导社区、企业让渡部分经济利益，释放更多公共空间和活动场地。

几年来，我们先后投入近 3 亿元配套资金，陆续兴建和改善了一批公共活动设施和空间场地。主要包括：羊台山森林公园、劳动者广场、大浪会堂、大浪绿

道等18个社区服务中心；还有14个社区公园，8所民办学校，5座劳务工图书馆，4个青春幸福驿站等。这些公共设施和活动空间的开辟，极大地丰富了青工的业余文体生活，他们在“第三个8小时”可以漫步美丽的绿道，呼吸大自然的清新空气；可以徜徉公园广场和工友在绿草地上嬉戏游园；可以到图书馆“充电”，到“幸福驿站”寻找心灵的港湾，到社区服务中心体验家的温暖；不少外来青工因为有了这些人性化的公共空间和公共设施而愿意工作生活在大浪。尤其是地处大浪核心区的“劳动者广场”，已经成为广大青工最喜欢、利用最充分的公共活动空间。特别是每天傍晚时分，广场几乎都能吸引上千人到这里休闲，10余种不同类型、不同主题活动相互独立、同时开展，相得益彰。曾有一位青工朋友离开大浪后又回来，他说，因为在深圳的其他地方没有“劳动者广场”！

（二）“穿针引线”，搭建青工文化活动平台

公共空间的营造和硬件设施的改善，需要政府的投入以及社区、企业的积极支持，而青工文化活动的开展则更需要多方协作和参与。“星光大浪”就是这样一个由我们政府、企业、义工队伍、青工等共同协作参与的青工文化活动平台。我们提供活动经费和专业指导、企业提供舞台及训练服务、义工队伍协助维护现场秩序、广大青工积极踊跃参与。几年来，已经有超过3000名青工登上这个舞台，“星光大浪”受到中央电视台等众多媒体的关注。从“星光大浪”走出来的青工乐队“部落组合”，在2011年第八届“中国音乐金钟奖”上勇夺流行音乐大赛组合组第三名以及单项奖“最佳音乐表现奖”。他们在参与中成就了梦想，成为成千上万青工的励志榜样。

“圆梦大浪”让爱心企业家与困难青工“面对面”。青工选手可以通过猜歌闯关的方式获得爱心企业提供的公益基金，并现场捐赠给某位困难青工。借助这一活动平台，企业家的公益爱心和青工的危困需求实现对接，青工娱乐活动中融入更多公益慈善因素，让爱和温暖通过青工活动在大浪传递。

“大浪大学堂”以创新教育理念培养大浪“好青年”。我们积极引入专业社会组织，创新教育理念和模式，整合政府、科研院所、民间机构、企业四方资源，在辖区构筑了一座青工学习型家园——“青年梦中心”。我们特意邀请“有情怀、接地气、高水准”的香港大学朱涛老师及他带领的团队进行方案设计。由“好人好事”公益教育机构运营的“大浪大学堂”更是给我们带来了全新的青年成长课程。他们实施了“广大青工服务计划”、“青年榜样发展计划”、“在地组织支持计划”，推出了“青春故事汇”、“进步银行”、“一人一伙伴”、“青工带你游大浪”等活动品牌，激发了广大青工自主向上的进取精神，让我们看到了青工在“社会交往”、“成长调适”、“素质提升”、“自我展示”等方面特有的潜质和活力。

开放共建、多方参与的文化平台还包括了“羊台山艺术团”、《羊台山》杂志、羊台山书友会、《浪花》青工报、劳动者论坛、大浪戏剧社、书画摄影协会等，各种社团在大浪蓬勃生长，青工在参与文化活动中不但愉悦了身心，更提升了自己，一批年轻作家、文艺人才脱颖而出，在大浪成长。青工自创歌曲《有一个地方叫大浪》表达了对大浪的热爱。青春、阳光、进步、健康成为大浪青工文化的标识，2012 年大浪青工文化被文化部评为“农民工文化服务示范项目”。

（三）耐心呵护，培育青年公益组织

40 万青工是大浪的主人，他们独立、自主的责任担当是大浪未来经济社会稳定发展的基石。这几年，我们也注意引导和培养青工自我教育、自我管理、自我发展的能力，激发他们的主人翁精神，并为他们参与社会公共事务创造机会和条件，让他们在服务社会的过程中融入城市，找到归属，赢得尊严。截至目前，我们已有 26 个在地的青年公益组织活跃在大浪。这些组织成为广大青工参与、服务社会的重要平台。大浪义工联曾荣获“中国百个优秀志愿服务集体”称号。

我们大力发展青年义工队伍，呵护培养青年骨干，传播公益志愿精神。小草志愿者协会是由来自大浪一线的青工夏东海发起，经过几年的发展，目前已有成员 1200 多人。他们利用业余时间，依托劳动者广场，开展面向广大青工的文化活动，每天坚持、风雨无阻，“广场义工”成了大浪一道亮丽的风景。沐恩志愿者协会则以环保、生态为服务内容，他们以大浪绿道为活动阵地，聚合了 10 家企业会员和 800 名义工，他们宣传环保，守护社区公园和绿道，为生态大浪摇旗助威。

“爱心之家”让帮扶救助之风在大浪接续。这是一家专门为外来人员提供临时救助及相关服务的公益组织。成立 7 年来，已为近千名远离家乡遭遇困难的务工青年提供帮助，许多“爱心之家”的义工都曾接受过她的无私帮助，如今他们也参与到帮助他人的行列中。

“优秀轮滑”是由一群活跃在劳动者广场、热爱运动的年轻人组织的趣缘社团。我们协助他们规范注册，如今已发展会员 2000 多人，他们在展示青春活力的同时，也成了大浪精神、大浪形象的传播者。在 2013 年的深港建筑双年展上，他们通过轮滑运动把“舞动青春”、“火热大浪”的形象带到了国内外嘉宾和友人的面前。“篮球部落”原本只是几个热爱篮球的青年人自娱自乐的社团，在我们的鼓励下，他们参与公益，自筹经费，帮助困难的青工，逐渐成了一个有社会责任感的公益组织。

（四）“招善引智”，拓宽青工全面成长视野

40 万青工的成长和提升是一项浩大的社会工程，仅靠大浪本地的资源力量很难完成。因此，多年来我们一直关注并与青年成长相关研究机构、公益组织保持紧密的互动和合作。

我们与综合开发研究院、好人好事公益教育机构等共同发起“大浪之友”公益人士联合会，诚邀国内外热心人士担任社会建设顾问，加强了大浪与外部的广泛联系。北京大学、香港大学、荷兰阿姆斯特丹大学、美国耶鲁大学、香港中文

大学等国内外知名高校和各界爱心人士纷纷成为我们的有力援军。通过“大浪之友”，北大同学将大浪作为社会调查的现场，而大浪青工则走进北大课堂、参与他们的课题汇报和交流；大浪草根合唱团第一次与美国耶鲁大学男声合唱团同台献唱；在“以大浪看中国新型城镇化——大浪 VS 欧盟四方对话”中，大浪青工与国际学者亲切交流，分享大浪青工在城市化进程中的体会。我们还组建了“大浪公益联盟”，通过招善引智，为大浪内外社会组织搭建对接平台，把优秀的社会组织引入大浪，帮助本土社会组织成长。上海真爱梦想基金会、小鸭嘎嘎公益基金会、好人好事公益教育机构等社会组织与大浪建立了合作关系，共同助力青工成长。“大浪之友”、“大浪公益联盟”已经成为我们招善引智，聚合社会力量的有效载体，迸发出正能量，悄然影响和改变着大浪的青工。

三、我们的愿景

大浪作为高速城市化过程中的边缘工业地带，近 40 万青工融入城市、有序市民化是提高城市化质量的关键。作为基层政府，我们的责任重大。但实践也让我们认识到，这一问题的解决有赖于社会各方的积极参与。因此，聚合社会的公益力量，推动企业履行社会责任，引导青工自我发展等都异常重要。

我们热忱欢迎来自全国乃至全球的社会公益力量、民间智库加入我们的队伍，成为我们的“大浪之友”。希望国内外各界的专家学者、爱心人士走进大浪，助力青工成长，让他们的梦想在大浪落地生根，让他们的生活更加自信、从容和有尊严！

2013—2014 年深港双城双年展上，最富有活力和激情的一幕就是由荷兰新城研究中心推荐的“大浪日”，激情的歌声与飞跃的轮滑将大浪青工的强健、乐观、自信传达给中外嘉宾。深圳这座移民城市展现出了她最为有力和健康的青春脉动。

专家点评

张幼云：大浪案例是对社会管理的创新、以人为本的发展

中国国际城市化发展战略研究委员会副主任、
中国经济社会理事会理事、中国就业促进会原执行副会长

我去过大浪，确实很受教育。作为基层政府，他们的工作重点不仅是对40万青工进行市民化教育，而且是对社会管理的创新，以人为本的发展，让青工融入社会，让他们充满自信的、从容的、有尊严的生活。我们现在提倡体面劳动、体面工作和体面生活，核心是人的尊严，这点很重要。

另外，我认为“第三个8小时”和第一个工作的8小时是密不可分的，因为就业是民生之本，是全社会的责任。农村转移进城的青年人，他们能不能市民化，关键在于安居乐业，要保证他们长期的就业稳定，要在转变经济增长模式和调整产业结构的背景下做到这一点，不仅让“第三个8小时”过得好，首先第一个8小时的工作必须稳定。这要求企业要真正地履行社会责任，工会要起到应有的作用，同时，在工人这个层面，要有自我保护能力及对权利和责任的意识，企业爱护工人，员工爱护企业，只有这样，才能保证就业的稳定性。

“第三个8小时”的概念非常精彩，在大浪得到发展。同时我也希望，政府在如何营造一个空间，动员企业家和工会用三方机制营造更有利于社会经济发展的氛围，还要思考和充实更多的东西。

廖晓义：大浪经验很宝贵

北京地球村环境文化中心创办人兼主任

非常惭愧没有去过大浪。我们从1996年开始推动绿色社区的建设，在城市

社区做了12年以后，2008年转向乡村。一般做社区工作的都是老年人，大浪的年轻人能把社区当作一个家，给我带来很大震动，是特别宝贵的经验。

我有几个问题想和大家交流。第一个是关于社会组织。我特别想知道这么庞大的人群，社区的党组织、行政组织、自组织以及社工组织互相之间是什么样的关系？第二个问题，它们如何区分各自的责任？社会公共事务是哪些组织做的？还有哪些私事是我们自己解决的？第三个问题，钱从哪里来？资金是怎么支持这些组织开展活动的？第四，这样一个城市社区跟周边乡村社区有没有联系？第五，文化教育内容大致分哪几个方面？

回应

李津逵：

中国国际城市化发展战略研究委员会副主任，
中国（深圳）综合开发研究院资深研究员

第三个问题不用回答，他们非常困难，不是一级财政拨付，而是从公务员的日常办公经费中挤出2000万元作青工的“第三个8小时”。大浪本来是作为工业区规划的，到人太多不得不成立一个办事处的时候，也没有行政中心、体育中心、文化中心、商业中心。第四个问题也不用回答，大浪的前后左右都没有农村了。

潘芸：

深圳大浪街道办副书记

在整个大浪社区，本地人口只有不到5%，这么多在大浪的青工是社会发展的主力军，大浪就是他们建设的成果。目前几十万的青工住在5000多栋民房里，如果他们离开了，大浪不可能有现在的繁荣，也就不能称之为大浪了。所以，留住他们在这里安居乐业，确实是街道党工委的重要课题。工作的头几年是很艰难的，比如经费问题。我们自己把有限的财力投入进去，建起了很多公共空间。有很多活动都是培养他们自己去开展，这就不需要资金投入。比如轮滑，是志同道合者组成的社团，我们只是提供一些老师。还有就是依靠社会力量。尤其是从2012 年开始，李津逵老师关注我们以后，聚合很多社会力量，我们成立了大浪公益联盟，许多社会公益组织、爱心人士和专家义务帮助我们。各位专家老师现在知道有一个地方叫大浪，有 40 多万的青工需要大家的关爱，希望大家到大浪来帮助我们。

（刊载于《城市化》杂志 2014 年第 4 期）

走出农区创新路 就近就地城镇化

——山东省禹城市以“两区同建”推进新型城镇化的探索与实践

刘洪贵　中共禹城市委副书记

禹城位于山东省西北部，隶属德州市，是山东省会济南的卫星城，面积990平方公里，耕地80万亩，辖12个乡镇（街道），人口52万，有1处国家高新区、1所全日制高校、3家上市企业。总结禹城发展历程，有五个重要节点：一是4000多年前，大禹治水13年，其中8年在禹城，最终在此导河入海，功成名就，留下了为民、实干、创新、奉献的大禹精神，激励着世代禹城人民不懈奋斗。二是唐朝天宝元年，即公元742年，为纪念大禹治水功绩，唐玄宗李隆基取禹息故城之意，改春秋时的祝阿为沿袭至今的禹城。1993年撤县设市。三是1912年，津浦铁路，即现在的京沪铁路，全线开通，贯穿禹城，禹城从此成为贯通南北的重要交通枢纽。四是20世纪60年代，为探索黄淮海地区治理旱涝盐碱路子，受党中央、国务院委派，中科院、农科院在禹城设立综合实验站，攻克盐碱地综合整治世界性难题，开创了战旱涝、斗盐碱的先河，经过50多年的改造，原来一毛不拔的盐碱地变成了吨粮高产的沃土良田。五是从20世纪90年代到现在，禹城以传统农业为基础，跳出农业抓工业，逐步培植形成“生物产业、装备制造、新能源、新材料、绿色食品、高档纺织”等“6+2”现代主导产业。其中，生物产业，功能糖年综合产能110万吨，占国内市场的80%，国际市场的35%，是全国规模最大、品种最多、市场占有率最高、品牌知名度最好的功能糖研发生产基地，进入中国县域产业集群竞争力百强，2008年成为国家高技术生物产业基地；

装备制造业，形成从铸锻件、管模、汽车零配件、工程机械到大型风电主轴、船用曲轴、数控机床等系列产品的产业链条，是国内最大的MW级风力发电机主轴生产基地、亚洲最大的球墨铸铁管模生产基地，拥有国内第五台、山东省第一台万吨以上压机，AP1000低碳控氮钢锭解决了我国第三代核电主管道用钢难题。

禹城位于鲁西北冲积平原，为传统农业县市，全市村多村小，村均人口比全省少271人，500人以下的村占到60%，农村这种现状产生五大难题：一是村级组织运转成本高，农民负担重；二是很难选出有能力的带头人，村级班子力量偏弱；三是村多村散，基础设施建设成本高、效果差；四是农村宅基占地过多，浪费严重；五是农业生产方式落后，现代农业发展缓慢。这五大难题严重阻碍了农业现代化和新型城镇化的发展进程。近年来，我们积极探索传统平原农区推进新型城镇化的特色路径，认真践行"三个1亿人"的发展内涵，特别是2014年7月24日，李克强总理视察德州，对我们在城镇化和农业现代化方面的探索给予肯定，为我们增强了信心和动力。我们创新落实李克强总理指示精神，按照"政府主导、规划先行、因地制宜、群众自愿、社会参与、依法依规、梯次推进"的原则，依托土地增减挂钩政策，以农村城镇化为重点，以农民生产方式和生活方式转变为路径，同步推进农村产业园区和新社区建设，即"两区同建"，实现农民就近就地城镇化。工作开展6年来，先后建成新型农村社区37个，其中纯农村社区25个，累计整体搬迁村庄108个，8.6万群众住进了环境优美、服务完善、配套健全、舒适宜居的新社区；同步发展各类园区96个，吸纳社区群众就业6万余人。2015年全市城镇化率达到49.53%，年均增长超过2个百分点，高于山东省和全国平均增速。

一、工作特点

（一）就近就地城镇化

紧紧围绕以人为核心的新型城镇化，突破传统城镇化路径依赖，按照人口向社区集中，产业向园区集中，土地向适度规模集中，依托中心村或乡镇驻地，对

2 个或 2 个以上的自然村或行政村，统一规划，合村并居，建设新型社区与产业园区，离土不离乡，进厂不进城，改善生产生活方式，实现就近就地城镇化。同步延伸公共服务体系，保障农村居民平等享受义务教育、就业服务、基本养老、医疗卫生、住房保障等多个方面城镇基本公共服务的权利。

（二）社区园区协同化

坚持社区与园区同步规划、同步建设、同步发展、相互促进，重点围绕社区辐射半径，引进一批规模适度、精品高效的农业项目，建设一批产出高效、产品安全、资源节约、环境友好的产业园区，促进农民就近就地就业，实现农业增效、农民增收。

（三）政策创新多元化

禹城市农村普遍宅基地多、院落大，空心村现象突出，户均宅基地占地 1.5 亩；全市 1007 个村庄改造完成后，可节约土地 13 万余亩。我们变工作短板为发展潜力、化工作劣势为发展优势，与省国土资源厅签署了创新土地整治挖潜机制、共同推进两区同建工作战略合作协议，在土地增减挂钩项目申报规模、审批程序等方面争取国土资源部门支持。通过制定政策、整合资源、招商引资，以及申报争取棚改项目、农村危房改造、土地整理、农村环境综合整治、水利建设等资金，进行多元化融资，集中用于农村社区和产业园区建设，实现资金使用效益最大化，解决农村社区建设缺钱、工业化城镇化缺地、统筹城乡缺抓手的难题。

（四）生态宜居乡土化

紧密结合北方农村特色，把传统农村元素植入农村新型社区，使入住新型社区的农民看得见树、望得见水，听得见蝉叫蛙鸣，记得住缕缕乡愁，打造有历史记忆、有产业支撑、有地域特色的生态文明新社区。社区设计充分考虑农村实际和农民生活特点，县城周边、乡镇驻地建设小高层和多层楼房，纯农村社区以“二层楼前后院”为主，户型款式坚持先进理念与群众认可相结合，既依托专业设计单位体现现代元素，又尊重群众意愿体现个性色彩，避免单一雷同。每个社区有一片树林、一方水塘、一个广场，方便群众生活，确保群众住得舒适、住得满意。

二、主要成效

（一）农村生产生活条件同步改善

全市 25 处建成农村社区基本达到了“五化八通八有”标准。民政、计生、社会保障等部门服务职能全部向农村社区延伸，农民不出社区就能享受到城市的生活便利和服务保障。一批现代气息浓郁、环境整洁优美的农村新型社区，改变了传统农村房屋破旧矮小、村庄脏乱差的状况，初步实现了农民生活居住的城镇化。

（二）农村转型发展水平同步提高

新型社区建设有效整合农村人才资源，拓宽了干部选拔视野，配强了村级班子，巩固了党在基层的组织基础和执政地位，为农村改革发展提供有力组织保障。农业产业园区促进了区域化布局、规模化生产、产业化经营，粮食、蔬菜、畜牧、花卉苗木四大主导产业齐头并进，培育了一大批家庭农场、农业合作社等新型经营主体，促进了农业的转型升级。农民群众由个体生产者转变为园区产业工人，既有土地流转形成的经营性收入，又有园区打工形成的工资性收入，收入渠道更加多元化。2015 年全市农村居民人均可支配收入 11366 元，比上年增长了 9.9%。

（三）城乡要素双向流动同步加快

农村社区和园区建设为城市资本下乡提供了载体，实现了土地资源、人口等要素双向流动，促进了城市工商活动向农村辐射，工商产业链向农村延伸。近三年来，全市累计转移农村劳动力 6 万多人，占劳动力总数的 30%，越来越多的农民入园创业、就近就业。据有关部门测算，对于我们这个50多万人左右的农业县来说，城镇化率每提高一个百分点，就会带动5000多名农村人口实现就业。

（四）拉动市场供需作用同步提升

两区同建提升了农村住房、基础设施、服务设施等方面的投资力度，刺激了对水泥、钢铁、建材、家电、家具、装修、运输等产品和服务的需求，成为化解过剩产能、促进产业转型升级、拉动经济增长的重要引擎。6年来，全市直接用于社区建设投资30多亿元，加上配套基础设施和公共服务设施建设，以及农民搬进新居需添置家具、家电等用品，每年产生的消费拉动巨大。

三、经验做法

（一）坚持规划先行，优化空间布局

按照“1+5+40”（1个主城区、5个中心镇、40个新型农村社区）现代城镇规划体系，把农村新型社区作为城镇化基点，与市、镇发展规划周密衔接，将全市1007个自然村合并为376个社区，整合为40个并建社区。组织市规划部门和国内有影响的规划研究院，对禹城市的农村社区合理规模进行研究，综合考虑各种因素，注重群众生产、生活半径，确定地理优势明显、人文色彩突出、路网水系通达的社区新址，完成了农村新型社区布点和产业布局规划。

（二）坚持以质为先，推进社区建设

优先安排乡镇驻地、产业发展聚集区和土地挖潜项目区，成熟一处启动一处，有序推动两区同建持续健康发展。2010年以来，开工建设纯农村社区25个，建成楼房1.2万套、160万平方米，在建2100套、30万平方米，全市先后实施增减挂钩项目5批，整体搬迁村庄108个。一是规范操作，建设放心工程。把规范性、群众性、公开性、公正性作为两区同建的基础保障，把握规律、顺应民意，统筹协调、依法依规，制定实施了“六个规范”（规范规划管理、拆迁安置、施工管理、社区建设、配套建设、土地流转）和《两区同建工作流程》，确保各项工作纳入规范化、科学化发展轨道。二是多元融资，强化资金保障。用足用活财政补贴资金，整合用好政策性资金，运用市场手段引进社会资金，适度争取信贷资金，集中用好上级帮扶资金，已累计投入财政资金 15 亿元、社会资金 5 亿元、整合专项资金 2.6 亿元、信贷资金 10 亿元。实施棚改项目 8 个，建设棚改房 2135 套，其中农村社区 2 个、702 套、9.5 万平方米，开工率 100%。三是群众主体，凝聚发展共识。通过广播、电视、明白纸等形式，帮助群众算好土地地籍、房屋质量、配套条件、补贴政策、生产生活方式、干部待遇六笔账，让群众充分认识两区同建带来的变化、享受的好处。在新闻媒体开设专栏，推出系列访谈专题，介绍做法，推广经验，营造了人人谈同建、助同建、抓同建的浓厚氛围。

（三）坚持功能完善，提升人本内涵

一是完善基础设施配套。按照“五化八通八有”的标准（硬化、绿化、亮化、净化、美化，通水、通电、通暖、通气、通油路、通宽带、通电话、通有线电视，有幼儿园、小学、敬老院、卫生室、警务室、超市、中心广场、社区服务中心）的要求进行配套设施建设，提升居民生活质量。二是提升管理服务水平。充分发挥基层党组织在农村社区管理的突出作用，制定文明创建、民主自治等考核办法，有序推进社区管理，形成了以社区民主、自治管理为核心的社区管理体系，增强了社区活力。以社区物业管理社会化、专业化为取向，制定实施《新型农村社区管理办法》，形成“市新型农村社区管理办公室－乡镇城镇建设办公室－社区物业管理办公室”的“两级政府、三级管理”机制。以资金奖补、分类考核为引导，制定农村入住社区物业补贴管理办法，提升了农村社区管理服务水平。三是加快社区班子融合。坚持以“双带双促一满意”为标准（带领群众增收致富、带领群众搞好两区同建，促进乡村文明、促进土地流转，让群众满意），以促进社区班子全面深度融合为抓手，着力打造坚强有力的社区领导班子。以社区为单位组织开展各类群众性文体活动，促进社区群众的联系沟通，实现行动聚合、感情融和。把两区同建与社区干部工资待遇、提档晋星直接挂钩，社区党组织书记最高可增发绩效补贴 3 万元，调动基层干部社区服务管理的积极性、主动性。以社区班子为单位，统一开展群众路线、三严三实、两学一做等学习教育，促进班子融合，增强基层组织推动发展、服务群众、凝聚人心、促进和谐的能力。

（四）坚持产业优先，增加内生动力

按照“社区带园区、园区促社区”的思路，充分考虑交通、群众生产生活、与新建社区的距离等因素，合理规划产业园区。推进土地适度规模有序流转，制定《农村土地流转管理办法》，对符合标准要求的流转土地，市财政给予补助。依托流转土地，加大招商引资力度，着力引进农业种养基地、农副产品、工业配套加工、农村商贸物流等相关项目。建成及在建投资 10 亿元的鳌龙农业生态园、10 亿元的视界牧业等农业产业园区 96 处，就近就地安置劳动力 6 万人，累计流转土地 22.37 万亩。积极培育家庭农场、种养大户等新型经营主体，加快三次产业融合发展，延伸产业链，提升价值链。累计发展各类农民专业合作组织 1078 个，注册家庭农场 198 个。高标准开展国家土地改革试点、农村承包地确权登记颁证等农业农村改革工作，国土部土地征收制度改革试点集中督导会议在禹城召开，禹城成为山东省唯一的全国农村集体经营性用地入市试点县市。

（五）坚持完善机制，保障推进有力

成立书记、市长为总指挥，市委副书记为常务副总指挥，分管副职为副总指挥，职能单位为成员的两区同建指挥部，乡镇（街道）成立党政正职为负责人的专门推进机构，做到安排计划到点，具体工作到人，形成了一级抓一级、层层抓落实的工作机制。市两区同建指挥部及乡镇制作社区建设、园区建设、工作配档等图板，全部上墙，照图指挥，依表督导。强化督导考核，把两区同建纳入各乡镇年度考核重要内容，坚持每月一调度、半年一考核、年终总排名，定期开展观摩督导，及时梳理工作情况，全力加快工作进度

（刊载于《城市化》杂志 2016 年第 12 期）

河北永清经济开发区：让农民乘上园区发展的航船

杨华彬　河北省廊坊市永清县台湾工业新城工委书记、管委会主任

一、前言

近年来，河北省永清经济开发区在发展园区经济中，着眼统筹城乡发展，探索以土地承包经营权流转的方式，进行土地股份制改造，在全国首开土地托管模式（又称“土地银行”），对村集体土地进行统一托管，以实现土地资本化、资本股份化、收益长期化、利益共同化。正是这种新的“土地银行”托管模式，让农民站在了园区发展的“航船”上，破解了一定的发展难题，既有利于园区经济发展，也维护了农民的土地权益，确保了农民长远生计的保障，形成互惠互赢的新的园区发展思路。自 2011 年 11 月试行该模式以来，累计托管土地 14008 亩，为开发区的经营发展提供了基础支撑；同时，园区农民人均纯收入较 2010 年实施土地托管之前呈现出稳定增长的态势。该模式取得的成绩得到了国土部领导及有关专家的充分肯定，新华社、国土资源报等新闻媒体先后对“土地银行”的托管模式进行了深度报道，并受到河北省委、省政府多位领导的关注与肯定。

二、背景及起因：发展之需，园区建设亟待破解“四难”

永清经济开发区原为永清县台湾工业新城，是全省首批省级工业聚集区，作为北京南城的延伸带，具备承接北京产业，特别是服装加工业转移的独特区位优势。开发区地处历史上的永定河泛区，沙荒地多，人均占有耕地较多，农田基础

设施落后，土地经营效益差，农民收入低。如何把区位优势利用好，把农民问题解决好，是园区开发建设中最现实的问题，具体实施中，最突出的是“四难”。

（一）入园项目“征地难”

搞园区、上项目，不可避免要征占纳入园区发展规划的农村集体土地。由于缺乏相应的利益共同点，村民往往在土地征占前采取各种办法设置障碍、要求提高补偿。园区成立之初，一度因为征地难、征地慢，步履维艰，好的规划和项目难以落地。2009年实行征地区片价后，由征地补偿标准问题引发的争议大幅下降，但由青苗和地上附着物补偿引发的纠纷相对上升。一些农民在征地前抢栽抢种、漫天要价，经常难以达成补偿协议，再加上办理征地和农地转用手续审批周期较长，一些项目要么因为征地时间过长错失良机，要么因为未批先用、边报边用等违法用地行为引发群众上访。

（二）失地农民“保障难”

目前，在征地中主要实行一次性货币补偿，这一做法一时省了事，但也带来一些潜在的矛盾和问题，一些农民在失去土地的同时，也失去了长期、稳定的经济来源。由于不善理财，甚至在一夜“暴富”后肆意挥霍，一些农民很容易在短期内将征地补偿款“花光用尽”，加之缺乏足够的技术技能，单靠社保及打工无法保证家庭的长远生计。一些农民在征地补偿款消耗殆尽后，成为无土地、无工作、无社保的“三无”农民。一些人在生活无着落后又以地价上涨快、征地补偿低为由，继续向开发区或用地企业索要补偿，使征地区域成为社会矛盾集中的多发领域。

（三）前期开发“融资难”

建设初期，园区需要大量的前期投入，既要为园区的路电水讯等基础设施建设投入大量建设资金，又要向失地村民支付可观的土地征占费用，无论是以政府为主的模式，还是以园区及开发商为主的模式，在项目尚未到位、效益尚未产生的情况下都会面临很大的融资压力。与此同时，农民获得征地补偿款后，往往缺乏有效投资渠道，形成事实上的资金闲置，并随着时间推移和物价上涨带来资金贬值损失，难以充分发挥对农民长远生计的保障作用。园区建设资金紧张与农民补偿资金闲置并存，成为很多园区发展中普遍存在的问题。

（四）以城带乡“统筹难”

以工补农、以城带乡是统筹城乡发展的重要路径，而现行征地模式容易使农民在园区发展中成为“失落者”，在获得征地补偿金后便与原有的土地失去关联，与园区发展失去关联。一些农民失去土地后，在城镇化、工业化进程中被边缘化，面临“失地”又“失利”的双重失落，既无法享受土地带来的政策红利，也无法享受在原有土地上园区发展带来的红利，成为没有市民特色的“市民”和没有土地的“农民”。农民和园区在土地利益上的“此消彼长”，极易导致区内农民与园区、企业感情的“隔绝对立”，不利于园区持续发展，不利于城乡统筹发展，由此还可能带来一些隐性的社会问题。

三、主要做法

2011年11月，永清县在台湾工业新城探索了土地“托管模式”。其主要做法是：组建企业性质的土地托管中心（也叫“土地银行”），在依法、自愿、协商、有偿的基础上，规划区内的农民以土地承包经营权作价入股土地托管中心，由土地托管中心对规划区内的土地统一经营，入股的农民按年领取股息及约定福利。具体方法及成效如下：

（一）“资产”变“资本”，农民收益无忧虑

把农民赖以生存的土地这一有形资产，变成农民长期收益的资本，是永清开发区观念创新和机制创新的结果，在实际操作中实现了三步走。

第一步：以地入股，群众成股东。规划区内的农民（村集体）在依法、自愿、协商、有偿的基础上，以土地承包经营权作价入股土地银行，签订土地托管协议，首次签订土地托管协议的期限为5年，托管期间进行土地征收，依法履行征地手续。5年后，按照农民意愿，可一次性提取全部本金，也可按照等价有偿、统一经营、收益保底的原则，将土地托管股权按一定比例折算成商业用途房产，作为入股农民的资产，确保其收入实现稳定提高、利益得到长期保障。

第二步：核定收益，土地成资本。在全面评估托管土地使用价值的基础上，农民承包经营的土地参照省制定的统一征地区片价标准（永清县3.2万元/亩）作价入股，按每年7%的利息支付股息，年底集中结算。股息分配方式参照省制定的征地补偿费分配办法，80%归拥有土地承包经营权的农民，远远高于当地种植农作物的年均纯收入300—500元/亩的水平；20%归村集体经济组织，用于公益事业和村民福利。截至2014年年底，开发区土地银行累计发放股息6000多万元。

第三步：转移就业，农民成市民。由于永清县处于永定河泛区，农民人均耕地较多，但经营收入低、效益差，通过土地托管，农民不仅可以每年获得可观的股息和相应的福利补贴，还可以安心外出打工挣钱。据统计，实行土地托管后，开发区所辖6个行政村外出务工1600余人，占总人口的28%；其中在开发区从事保安、绿化、商务等工作的1100余人，占外出务工人员的68%；为开发区搞工程建设、配套服务的个体工商户就有170个。目前，总面积18万平方米的新民居建设工程——新天地社区一期工程已经完工，入住农民560户；二期工程已开工建设，计划2015年年底完工，可入住农民588户，为农民向市民转变进一步创造了条件。

（二）“征地”变“托管”，项目落地无障碍

永清开发区打破以往企业用地单纯以征为主的传统做法，探索“先储后征”

的新模式,使项目落地没有了“拦路虎”,没有了后顾之忧。这主要得益于他们的“三个妙招”:

第一招:依法托管,收益有保障。为保证土地托管制度顺利实施,依据《农村土地承包法》、国土资源部《关于完善征地补偿安置制度的指导意见》等法律法规,成立了永清县宝岛土地托管中心(也称宝岛“土地银行”),按照“事业单位、企业化管理”的模式动作,负责签订《托管协议》、股权流转、经营管理托管土地、发放福利等相关业务,先后制定出台《永清县宝岛土地托管中心托管股权管理办法》《土地托管中心托管土地经营管理实施办法》《托管股权与商业物业置换办法》三个“基本法”,给农民获得长期稳定的土地收益吃了“定心丸”。土地托管模式实施以来,已累计托管土地 1.4008 万亩,为开发区后续经营发展提供了基础支撑。

第二招:福利普惠,生计有保障。开发区坚持惠己更惠民的开发理念,对土地托管以后的农民实行普惠的福利政策,16 周岁以下人员每人每月可享受 80 元补助;男 60 周岁、女 55 周岁以上人员每人每月可享受 100 元补助;丧失劳动能力的重残人员每人每月可享受 150 元补助;一次性高考奖励,本科每人 5000 元、专科每人 3000 元。截至 2014 年 6 月底,开发区为农民累计发放福利 864 多万元,使长远生计得到基本保障。

第三招:储地充足,建设有保障。永清开发区自成立以来,共引进千万元以上项目 720 个,总投资 860 亿元,建成投产项目 18 个,在建项目 40 个,而且有 1.4008 万亩的托管土地作保障,只要有好项目即可按照既定规划设计顺利落地,这已成为永清开发区实现跨越发展的后发优势。2014 年 4 月,廊坊市政府分别与北京市西城区政府、北京经济技术开发区签订合作框架协议,确定永清经开区为北京动物园服装批发市场转型升级承接地,并在永清经开区合作建设北京亦庄·永清产业园。预计到 2020 年,园区入驻企业将达到 1000 家,从业人员超过 20 万人,主营业务收入 1500 亿元以上,税收 50 亿元以上。

（三）“粗放”变“集约”，土地利用无盲区

我国实行土地承包以来，分散经营、用地粗放、效益低下等问题，是农民工作面临的突出问题，近年来越来越摆上各级党委政府的议事日程。在寻求土地打包集约利用上，永清开发区打出了“三张好牌”。

第一张牌，统筹规划，资源配置更科学。进入托管的土地均符合永清县土地利用总体规划，符合园区建设统一规划，解决了私搭乱建、滥用耕地和粗放利用土地等问题。园区按照“产城融合发展、城乡统筹发展、企业共同发展”的原则进行统筹规划，一期规划面积 7.59 平方公里，划分为行政商务区、总部大道、空港服务基地、传统产业区、北方冠捷现代物流园、台湾花卉博览园、浙商新城、京南植物园八大板块。以“北京南城、台湾新城”为发展定位，以“中国服装之都、京南宜居名城”为发展目标，永清在实现工业化、城镇化、农业现代化“三化”同步上走出了可喜的一步。特别是，永清紧紧抓住京津冀协同发展这一难得的历史性机遇，充分发挥离北京近的独特区位优势，着力做好首都城市功能的拓展、生产要素的辐射、产业转移的承接等各种准备，目前已经与北京达成多种同步发展框架协议。正在建设的浙商新城项目规划用地 2 万亩，总投资 300 亿元，分浙商服装城、浙商商贸城、品牌企业总部、浙商理想城、浙商旅游休闲城五期建设，全部建成后，年可实现营业收入 1300 亿元以上，吸收就业机会 10 万人以上，目前已正式签约的入区服装企业 613 家，首期 16 栋服装厂房已开工，一期 30 家服装企业已开工建设。

第二张牌，统一管理，土地收益更可靠。为加强托管土地的统一管理，开发区统一制定了管理办法和相关规章制度，对股权托管和土地经营管理作出明确规定；专门成立托管中心理事会，理事由托管土地的农民村集体经济组织、村民、经济开发区和宝岛建设投资开发有限公司推举产生。凡托管土地经营权的村街，都可根据托管股权的总额情况推举 1—2 名理事，保证农民的知情权、参与权和

管理权。土地进入托管程序后，坚持划定一条红线，在未正式办理征地和农用地转用审批手续前，不改变土地用途和现状，杜绝非法用地、违规占地、土地撂荒。坚持拓宽一条渠道，采取发展规模农业、高效农业等方式，做到地尽其用，最大限度提高土地效益。坚持加上一层保险，在严格遵守有关政策、定期开展自查的基础上，自觉主动接受国土资源部门的监管，避免出现违法违规用地行为。

第三张牌，集中开发，经营效益更可观。永清开发区充分利用现有土地进行集中开发，基础设施和配套设施日臻完善，已初步形成“三纵九横”路网格局。北京公交车在园区内设有总站，综合行政服务中心已投入使用，中小企业孵化项目首批11栋小型总部已经建成。作为浙商新城首期的服装新城项目，占地8000余亩，计划投资100亿元，主要承接北京南城1万家服装企业外迁，并引进长三角、珠三角、港澳台及世界名牌服装企业落户。以服装产业为龙头，把传统的服装加工制造向上游的产品研发、技术专利、金融服务等延伸，向下游的品牌构建、渠道建设、物流配送等拓展，形成集服装生产、研发、展示、销售、产业、孵化、服装学校于一体的完整产业链，让开发区这片热土发挥出最大的使用效益和经营价值。

（四）“对立”变“统一”，目标相同无冲突

对于开发区而言，迫切希望顺利征到土地，并使所征土地产生最大价值；对于拥有土地的农户而言，迫切希望通过土地托管，为自己带来最大收益。如何找准结合点，把二者的利益统一起来，是关键所在，在这方面，开发区着力激活“三个谐振点”。

第一谐振点：凝聚共识，稳妥推进。对于新生事物，人们总有一个逐步认识的过程。土地托管制度实施以来，农民对这一新生事物的看法也经历了“不认识—怀疑—认识—接受”的过程。之前，农民习惯于一步到位的补偿办法，对这种长期受益的方式不放心、不踏实，很多农民不理解、不接受，持观望态度。面对这一情况，开发区没有盲目实施、强行推进，而是加大宣传力度，扎实做好群众工作，

通过村民代表大会、全体村民大会以及入户访谈等多种方式，广泛征求意见，以农民同意不同意、满意不满意为制度设计的标尺，本着先易后难、先行示范、全面推进的原则逐步实施，通过试点村街、试点农户的示范效应争取绝大多数农民的拥护和支持，让农民真正认识到，土地托管是把“死地”变“活地”的有效途径，是实现园区经济大发展与农民收入大改观共同推进的有效载体。目前，已签订土地托管协议农户 1567 户，累计托管土地 1.0839 万亩，分别占拟托管农户、土地的 97% 和 98.5%，签约农民的满意率达到 99%。

第二谐振点：股权透明，监管有力。永清县探索的土地使用新政——土地托管制度，完全建立在自愿、协商的基础上。农民将自己的土地以承包经营权作价入股，存入“土地银行”，按年领取股息，入股的土地由土地托管中心实行集中托管。这一模式之所以受到群众的普遍欢迎，关键在于开发区分配给农户的股权公开透明，一是一、二是二，让群众心中有数、心里有底。为保证托管制度顺利实施，先后制定了永清县宝岛土地托管中心托管办法、托管股权管理办法、托管土地经营管理实施办法等相关制度，对股权托管和土地经营管理做出明确规定。同时，不断强化日常监管，充分发挥托管中心理事会的监管作用，严格按规章行事，杜绝非法用地、违规用地，保证土地性质不改变，保证股息和福利按时发放。

第三谐振点：进退自如，预期可见。永清县土地托管制度的实施，遵循了依法、自愿、协商、有偿的原则，如果农户不愿再让土地银行托管土地了，可以在既定的合同到期时办理退地手续。如果农户感到托管后收益可观、预期可见，要求继续托管土地，可以再续合同。为保障托管股权保值增值，使入股村民和村集体进一步享受园区经济发展成果，开发区正在探索“托管股权置换商业物业”办法，就是按照平等自愿、等价有偿、统一经营、收益保底的原则，将土地托管股权按一定比例折算成商业用途房产，作为入股农民的资产，从而确保其收入实现稳定提升，利益得到长期保障。目前，《托管股权与商业物业置换管理办法》已制定完成，待征求各方面意见和专家论证后实施。

四、经验与启示

永清县的土地银行之所以能够顺利实施、取得成效，主要是牢牢抓住园区发展和农民利益的契合点，在遵守政策法律的大框架下，大胆创新、规范运作，加速了土地流转，促进了园区发展，富裕了农民群众，实现了多方共赢。在实际运行中，主要遵循了“四个原则”。

一是以符合规划为前提。永清县要求入股托管的土地必须符合全县新一轮土地利用总体规划、城市发展总体规划和园区产业发展规划，三个规划叠加覆盖，既保证托管制度的合法性与各方利益的稳定性，提升土地节约利用率，又控制了随意扩大托管范围、增加股息支出可能导致的风险，保证了托管土地的有效、可持续利用。正是这种立足长远、深谋远虑的战略之举，把长远规划和近期打算有机结合起来，为园区建设发展提供了有力支撑。

二是以尊重民意为根本。在实际操作中，永清县始终把尊重农民意愿、农民权益放在首要位置，制定托管制度，充分征求村干部和村民代表意见，实施托管制度，深入做好宣传解释工作。推行托管制度邀请部分村干部和村民代表参与，极大地增加了农民的认同感和满意度。同时，园区为老人、儿童等群众提供各种保障“福利”，增加园区内农民对园区的亲近感和信任度。正是这种尊重民意、惠民利民的实际行动，把农民利益与园区发展“捆绑”在一起，得到了失地农民的普遍欢迎。

三是以依法合规为关键。在制定实施土地托管制度时，永清县认真贯彻中央和省委关于推进农村改革发展的文件精神，严格遵守《土地管理法》《农村土地承包法》《农村土地承包经营权流转管理办法》和《关于完善征地补偿安置制度的指导意见》等法律法规，将法规政策贯彻到土地规划、流转、利用和征收、转换的全过程，坚持做到每项工作都有依据、每件事情都有遵循、每个程序都有规范、每个细节都经得起推敲。正是这种依法办事、规范运作的操作过程，让群众看到了党和政府为群众办实事、办好事的真心实意，赢得了广大群众的广泛支持。

四是以强化监管为保障。对托管的土地，不论是集中发展规模农业还是反租农民经营，不论是托管过程还是土地变性，不论是发放托管土地股息还是发放福利，永清开发区都有一套严格的制度和规范的程序，保证群众有足够的知情权、参与权和管理权。正是这种公开透明、监督有力的运行机制，让群众对土地托管看得清、信得过、乐意办，为探索这一成功实践提供了有力保障。

专家点评

金德钧：永清真正把农民当成了城镇化的主人

原建设部总工程师、中国国际城市化发展战略研究委员会主任

永清案例表明，在推进城镇化过程中，真正把农民当成了城镇化的主人，这点我感受颇深，希望大家好好研究他们的经验。

我是从农村走出来的，我觉得中国的农民对我们国家的贡献功不可没。解放初期进行的土地改革为没有土地的农民分了土地，为少地的农民增加了土地。1954 年开始搞农业合作化，把土地又集中了起来，不管是原来自有的土地，还是土改分给农民的土地，都集中在了一起。“初级社”时，土地等资产可以参与分红，但到了“高级社”阶段，农民的土地、农具、耕牛等资产无偿地交给了国家。后来国家又通过剪刀差，向农村吸收大量的财力支援国家的工业化建设。农民把钱拿出来之后，还要在劳动过程中为国家的工业化做贡献，这些我们不能忘记。在城镇化过程中，我们要照顾农民的切身利益，就要听取他们的意见，让他们以主人的身份参与这项工作，这样他们才会有积极性。其实，中国的农民对利益看得很近、很实惠，但中国的农民是伟大的，他们既能看清眼前的利益，也能看清长远的利益。

我觉得永清土地银行的办法非常好。农民的土地虽然还没有增值，但先给他们钱，一亩地每年2000元并不少，农民种麦子、玉米一年下来能有多少收成？也基本是这个数目。此外，他们还给老的、小的、上学的以各种补贴，这就是把农民真正当成了城镇化的主人，切实照顾了他们的利益。这让我们在城镇化过程中既对得起农民，也增强了推进城镇化的动力。

乔润令：永清探索出了解决城镇化土地问题的新途径

国家发展改革委城市和小城镇改革发展中心副主任

永清这个案例非常好，很有讨论价值。总体而言，在城镇化和土地问题中，有两个最关键的方面，一是土地拥有者能不能参与城镇化和工业化带来的好处，二是土地拥有者能不能参与土地的集约化利用。永清模式属于开发区与农民一起参与开发、分享收益的类型。从我国整体情况看，农民参与开发大体有三种模式：

第一种模式是由农民自己主导开发，最典型的例子是北京的温都水城，这里全部由农民自主开发，没有政府、银行和土地银行的参与，这一模式下农民收益很大，但这不一定是好事。如今这里遇到的问题是，当它想上市、想发展、想贷款、想抵押的时候，由于全部是小产权房，政策导致了他们无法抵押、贷款。

第二种模式是农民与企业共同开发。这一类型在南方特别多，如广州的华强工业园就是由农民和企业共同开发的，主要从事玩具制造业。成都双流也有企业与农民合作的例子，企业和拥有土地的农民合作开发了港龙工业园，其特点是农民可以分享比土地银行更多的收益。而永清土地银行托管模式从概念和操作上来说，与重庆的“地票”异曲同工。我认为，在中国北方，永清能探索出这样的模式已属难能可贵，它解决了农民持续分享工业化和城市化收益的问题。

第三种是类似于永清土地银行模式。这种模式有可能将政府绑定，因为这个模式的前提是预期土地永远增值，开发区永远盈利，中国经济永远发展，但事事难以预料，开发区会永远盈利吗？恐怕不是。一旦地价下跌、企业倒闭、经济危机来临，该怎么办？因此这种模式比起企业与农民共同开发还稍显不足。这个模式很容易将政府绑定，但幸亏永清处在北京周边，这里的土地肯定不会出问题，如果换作是河北的其他地方，恐怕不行。尽管如此，我觉得永清今天推出这种模式已经很好。中国之大，不是由一两个文件、一两个模式就能够解决所有问题的，中国需要千百种模式。

李凤玲：永清从根本上长远地解决了农民问题

中国国际城市化发展战略研究委员会副主任、北京修实公益基金会理事长、北京智中能源互联网研究院院长、清华大学教授

我对永清经济开发区并不陌生，多次去过那里，关于土地银行也曾不止一次地了解过。我认为，在一个地区的经济发展和城市化进程中，不应让农民下海，而应让农民上船，这是永清开发区在土地问题处理上最根本的原则，也是这个案例内容的基点。这个问题的难点在于，在城镇化过程中是考虑农民的利益和农民同步发展，还是以土地为代价与农民一刀两断？对作为市场投资主体的企业而言，选择后者完全可以理解，因为这样可以避免在投资项目的发展过程中与农民纠缠不清。但是对于主导城市化进程的政府而言，显然应该考虑前者，应该为失地农民的长远生计考虑，这是政府必须关注的内容。

我曾在开发区工作过，处理过很多涉及征地拆迁的问题，也可以举出很多农民不讲道理的案例，甚至有些还发生了恶性事件，问题出在哪里？我认为，首先对农民而言，土地被征收利用，可以说是祖祖辈辈唯一的一次机会，他一定要抓住这次机会。其次是因为农民心里没底，以土地为生的农民，一旦失去了土地，将无法生存。基于这两点原因，我们认为很多农民的行为都是可以理解的。

永清经济开发区的做法好就好在从根本上长远地解决了农民的问题，对于处

在北京周边的经济圈而言，这种做法是非常可取的，我十分赞同。这一做法有四方面的积极作用：第一，把本来由农民承包的分散的土地集中托管，有助于发展规划的实施。碎片式地掌握在农民手里的土地无法做整体规划，这一做法恰好解决了这一问题。第二，可以调控，有助于体现公平的原则。比如男劳力和女劳力，劳动力和非劳动力，年轻人和老年人以及学生，都完全可以调控。第三，可以在土地还没有体现出价值的初期，就让农民拿到高于目前土地收益的预期价值，让农民提前享受福利。第四，随着土地价值的提升，农民在土地上的利益也在提升，有利于可持续发展。永清案例在这样的特定环境下是非常值得称赞的。

当然，乔润令主任所讲到的那一点也十分重要，不同的地区可能会采取不同的方式，因为方式、方法并不是唯一的。但永清模式的确也有一定的风险，永清技术开发区要认真研究这一问题，因为北京周边的土地不可能总是渐涨，也会有一些波动。怎样将这一模式做得更好，能够应对可能出现的经济滑坡的情况，做好当农民的预期与客观事实产生矛盾时的工作，使这件事情变得更可持续，尤为重要。

Frédéric Asseline（安林）：土地是城市化面临的严峻挑战

中欧低碳生态城市合作项目组组长

随着城市化的推进，环境、人口等问题已成为时下城市化发展面临的首要问题。同时，如前几位专家所言，农民正面临失去土地的问题，政府正面临如何合理利用土地的问题，这些都是新型城镇化发展所面临的重大挑战。我对提到的有关中国一些试点城市在土地应用方面所做的尝试非常感兴趣，也曾经听说过在中国其他地区有类似的先进案例，例如广东的一些城市在土地利用方面就有非常超前的做法。不仅仅是在中国，在世界上很多地区，农民无法合理解决土地流失问题，无法适应城市化的发展，已经成为十分严峻的挑战。如何解决这些问题，对政府组织间的合作，对城市化的发展而言都非常关键。与此同时，我认为来自于部级单位，如住房城乡建设部、国土资源部、发展改革委等等的支持，对于整个城市化的发展也非常重要。

Florian Schmied：中欧合作可以更好地破解土地问题

欧盟商会建筑委员会主席

据我所知，世界很多国家和地区在土地方面都有十分成功的案例，他们在城市化发展过程中既做到了对农民进行应有的土地补偿，又保证了土地应用和新型城镇化发展的透明度。中欧低碳生态城市合作项目的主要目标就是帮助人们在城市化过程中去分享、体验、交流他们的感受。希望通过我们与中国各方的合作、通过我们的帮助，能够在中国的一些地区，在发展新型城镇化的同时，帮助农民解决土地补偿、应用问题，从而更好地对土地进行合理有效的利用。

（刊载于《城市化》杂志 2015 年第 5 期）

二、绿色智慧发展

以小球推动大球：
让双年展在复兴大武汉中发挥独特作用

孙　明　武汉市城建委处长、高级工程师
中国国际城市化发展战略研究委员会委员

艺术或设计双年展，是国际视觉艺术最高级别的展示活动，两年一届。双年展制度起源于威尼斯，至今已有一百多年的历史。它从19世纪风行一时的国际博览会脱胎而来，与现代民族国家在世界范围的兴起以及它们的主权表达需要息息相关。随着“冷战”结束、全球经济一体化格局的出现，民族国家观念逐渐减弱，双年展开始从不同国家共同参与演变成淡化主权意识和去国别化的城市竞赛。不同城市竞相举办双年展，制造文化、艺术或其他专业的奇观，以吸引跨国流动的资本和人群，推动城市旅游观光业的发展，以此带动后工业化时代的城市再生，或争取成为全球城市、区域中心城市，抢占全球或区域经济金融和文化发展的制高点。

随着中国经济文化的发展以及对外交流的深化，越来越多中心城市加入到举办双年展的行列当中，北京、上海、深圳等城市都拥有了具有一定影响的双年展。

2011年11月，武汉市举办了首届设计双年展，这是武汉市建设国家中心城市，复兴大武汉整体战略部署中的一部分。这次双年展获得了极大的成功，证明了在武汉百业再兴的过程中，重视设计的作用，优先举办设计双年展，是一次非常正确的决策。它在一定程度上，达到了小球推动大球的效果。

一、武汉双年展背景：复兴大武汉设计被赋予重任

武汉市在20世纪初叶是我国经济文化发展仅次于上海的中心城市，被称为

"大武汉"。但在那之后，由于战争、单纯工业化发展、国家区域政策调整等种种历史原因，至20世纪后半段，"大武汉"雄风不再。进入21世纪，随着国家区域政策向中西部地区倾斜，武汉身负中部崛起重要战略支点、开展"两型社会"综合配套改革、东湖国家自主创新示范区三个"国家战略"，武汉迎来了历史上最好的发展时机。站在新的历史起点，武汉市在第十二次党代会上提出了全力建设国家中心城市，复兴大武汉的宏伟战略目标。

复兴大武汉，需要认真落实科学发展观，积极转变发展方式。作为国家"两型社会"综改试验区，武汉要想解决加快发展与资源环境硬约束之间的矛盾，完成国家赋予又好又快发展的改革任务，就必须走转型发展之路。设计，能够对城市各类资源进行高效优化与配置；设计，是科技进步转化为生产力的桥梁，因而充分发挥设计的作用，大力发展设计产业，可以推进武汉城市产业的转型升级。

复兴大武汉，既需要建设经济强市，也需要建设文化强市，这是武汉市领导层的共识。什么叫文化强市？时任武汉市长唐良智认为，第一是城市文化形象好、特色鲜明；第二是市民素质高；第三是文化事业和文化产业发达；第四是拥有一批具有全国乃至世界影响力的文化名家大师。唐良智又指出，设计是将城市变成精美文化容器最有效的手段和工具，可以在城市建设中通过规划设计让人们的生活更美好。

因为重新发现了设计在复兴大武汉中的价值，武汉结合自身的实际，提出了将武汉打造为世界性的"工程设计之都"的愿景。这是武汉明确了要将重视设计的理念融入城市社会经济文化发展的方方面面，而不是为获得一个名号。武汉首届设计双年展就在这样一种设计价值被重新认识和肯定的背景下举办了。

按照市委、市政府主要领导的要求，市城建委在省住建厅的关心帮助下，在市委宣传部的指导下，在湖北美院的大力协助下，组织了首届武汉设计双年展暨艺术城市论坛系列文化活动（以下简称展会活动）。2011年11月11日，首届武汉设计双年展暨艺术城市论坛在武汉美术馆开幕，江城武汉大放异彩，"武汉设计"

品牌引得世界瞩目。本届双年展的主旨是“发展工程设计产业，打造世界工程设计之都”，重点展示在汉工程设计企业“国内第一，世界一流”的经典工程，主要参展单位包括在汉的国内外知名工程勘察设计单位、大专院校、装备制造、工程施工企业。力图通过工程设计和视觉艺术的结合展示工程之美，期望借助设计大师和系列论坛诠释工程之美，是一次艺术回归工程的实践。诸多国内外的名家和大师汇聚一堂，对“城市转型创新”提出了更多的思考。

二、武汉双年展的创新：从内容到形式的全方位尝试

作为首届双年展，武汉主办单位没有好高骛远，在定位上注重贴近城市当前发展的任务，但在形式和内容设计上都大胆进行了创新。

武汉双年展的宗旨：推介武汉设计文化与设计科技的成就，展示武汉工程设计产业的实力；宣传与推介武汉工程设计企业的领军人才；通过持之以恒的不懈努力，使之成为武汉城市文化品牌，经济技术交流的重要窗口。

武汉双年展的定位与主题：定位是市民角度、艺术家视野。主题是重新诠释武汉百年设计发展历程，以及工程之美、设计之美、建设之美、劳动之美的最新理解；展示武汉工程设计产业实力。

武汉双年展的内容及创新：本次展览在武汉美术馆进行，共分为8个展厅，展出作品124项，展板159个，模型和雕塑29件，包括11栋武汉近代优秀建筑和50多个在汉工程设计单位的经典作品，以及部分武汉施工企业的经典项目。展览共分为六个板块：“百年武汉”，细数近现代武汉优秀的历史建筑；“实力武汉”，介绍出自“武汉设计”的精品工程；“魅力武汉”，展现武汉的城市生态景观工程；“艺术之城”，介绍国际国内艺术城市的经典案例；“设计之城”，细说武汉打造“世界工程设计之都”的优势、规划，同时让观众领略到首尔、都灵等国际知名设计之都的风采。

本次双年展在内容上最大的创新是，设立“大师风采墙”，让48名武汉设计

行业的院士、大师、领军人物、杰出青年设计师集体亮相。把他们当作武汉的城市英雄和武汉精神的践行者介绍给全体市民。

武汉双年展形式与创新：用版画的形式表现建筑工程，将久远的历史图片和工程图纸“翻译”成赏心悦目的美术作品，弱化工程拘束专业语言，强化艺术直觉感受及人文特征，以详细、通俗的图解促进观者与工程设计作品之间的视觉艺术对话。参展的60余幅展品，被制作成为版画、水彩画等展板，充满了美感和艺术气息，这在世界各类工程设计展出中属于首创。通过这种形式，观众可以从设计角度理解艺术，从艺术角度认识设计，充分了解武汉在社会发展与变迁中，建筑、工程设施与社会人文环境的关系。

三、武汉双年展的公众参与：让设计深入人心

为了鼓励市民积极参与，双年展组委会搭建了一系列供公众参与的平台，为业界设计者、设计专业学生以及普通市民提供了交流的好机会。

首届武汉设计双年展开展了“五座武汉城市地标”和“十项‘武汉设计’最具影响力工程”评选活动，分别从本次双年展在武汉美术馆展出的11项优秀历史建筑和50项在汉工程设计单位设计的经典工程中选出。

现场投票当天,许多市民赶往武汉美术馆捧场,投票桌前不时排起长队。最终，五个“武汉城市地标”的称号分别由黄鹤楼、武汉长江大桥、江汉关大楼、武汉大学图书馆和汉口汇丰银行大楼摘得。

这些上榜的建筑和工程，无一例外，都有着自身鲜明的特色和印记。黄鹤楼表现武汉悠久的楚文化和历史记忆，武汉长江大桥展示武汉桥梁交通工程的传统优势，江汉关大楼是大武汉对外开放的标志，武汉大学图书馆是武汉深厚文化教育实力的体现，汇丰银行大楼展示武汉金融的优势，五大武汉地标全面展示了大武汉曾经的辉煌，也向世界宣告复兴大武汉的决心。

在本次双年展10项“武汉设计”最具影响力工程评选当中，长江三峡水利

枢纽工程、武汉—广州高速铁路工程、武汉钢铁公司一号高炉、武汉辛亥革命博物馆、武汉天兴洲公铁大桥、武汉汉口江滩、广东科学中心、晋东南—南阳—荆门1000kV输电线路工程、武汉长江隧道以及沪蓉西高速公路四渡河特大桥当选。这10项工程，展示了“武汉设计”世界领先、全国第一的实力，是武汉设计国际竞争力的标杆，世界通过了解这些标志性工程来了解武汉工程设计产业的综合实力，武汉通过展示这些工程来宣传武汉设计品牌，奠定中国工程设计基地的地位。中国武汉工程设计产业联盟就是集成这些国际顶级设计院的各方优势，通过组织综合设计，提供区域开发设计方案，从而做到环境友好、资源节约。

整个双年展期间，举办了4场专题活动：双年展新闻发布会、开幕式、百年金融建筑首发式、闭幕式。6场高峰论坛：艺术城市论坛、第三届武汉勘察设计行业院长论坛暨工程设计产业高峰论坛、2011中国城市地下空间开发高峰论坛、中国民营勘察设计企业家高峰论坛、生态城市及绿色建筑国际高峰论坛、武汉市委常委中心组（扩大）报告会暨首届武汉设计双年展闭幕式。20天的展会，不管哪天来，都能享受一场视觉艺术的盛宴。组委会特别邀请了部分武汉工程勘察设计行业的院士、大师利用3个周末的时间在现场开设3场“大师讲堂”，讲述行业前沿内容以及经典工程背后的故事，揭示工程设计的“奥秘”，培养市民的审美情趣。

同时，本次展览设置了16个企业主题宣传日，由来自水利、电力、铁路、公路、煤炭、汽车、市政、轻工、建筑、冶金、环保、城市规划等领域的龙头设计院自行筹办，讲述设计以外的故事，在展会现场向市民秀“绝活”。

按照国际惯例，双年展结束后，市城建委、湖北美院精心编辑了《首届武汉设计双年展画册》，既作为艺术档案永久收藏，也作为持续宣传大武汉和以“武汉设计”“工程设计之都”为代表的武汉城市文化新品牌的载体。展览画册的装帧设计折射出双年展所具有的里程碑般的意义，并展现出新时代武汉的城市文化形象。2012年3月8日全国“两会”召开期间，在神圣的艺术殿堂——北京中国美术馆成功举办了《首届武汉设计双年展画册》首发式，时任武汉市市长唐良智、住房和城乡建设部总工程师陈重、中国美术馆馆长范迪安、武汉市副市长胡立山、市城建委主任王立出席了首发式。首发式由武汉市委常委、宣传部长彭丽敏主持。参加首发式的省内外媒体有50多家，武汉市还向中国美术馆、天津美术学院以及《人民日报》《湖北日报》《长江日报》等媒体代表赠送了《首届武汉设计双年展画册》。首发式后，武汉市城建委领导与教育部联合国教科文组织中国有关领导就武汉打造“工程设计之都”相关工作进行了详细商谈，联合国教科文组织有关领导对武汉“申都”工作给予了高度肯定、支持和关注。

德国慕尼黑大学托马斯·赫尔佐格教授评价，首届武汉设计双年展将工程技术用艺术形式表现出来，这在国际设计展上尚属首创，展品不仅是工程技术本身的科技含量高，艺术表现形式也是独树一帜的。回德国后，赫尔佐格先生盛情邀请武汉设计双年展赴德国展出，并专程来汉与王立主任商谈。经初步商定，“武汉设计双年展”将于2012年11月底、12月初在德国历史文化名城和经济、文化、科技、交通中心慕尼黑举行。同时，2012年是武汉—杜伊斯堡建立友好城市30年，市政府拟将武汉设计双年展在杜伊斯堡巡展，作为文化交流活动之一，使得“武汉设计”走出中国，走向世界。

四、武汉双年展效应：为百姓营造良好宜居的生活环境

展会期间，时任住房城乡建设部副部长郭允冲、湖北省副省长赵斌、博鳌亚洲论坛咨询委员会委员、外经贸部原副部长龙永图，著名经济学家樊纲、德国慕尼黑大学托马斯·赫尔佐格教授、美国哈佛大学建筑系科恩主任、中国规划协会会长赵宝江、中国勘察设计协会会长王素卿、中国市政工程协会会长金德钧、中国香港地区中国科学院院士叶嘉安、台湾地区著名专家学者、淡江大学教授黄瑞茂等来汉参观、演讲。各界人士一致认为：武汉设计双年展很精彩、很震撼，工程设计产业非常发达。武汉应该紧紧围绕这个优势，打造产业集群。武汉具有深厚的历史文化积淀和产业优势，希望武汉尽早成为国际大都会、成为中部地区实

施全方位开放战略的支撑点。在增强软实力方面，武汉有着诸多先天优势：深厚的文化底蕴、陆路交通中心和大的航空港正在形成，武汉的水系和绿地等自然禀赋很好。武汉应充分利用这些优势，为百姓营造良好、宜居的生活环境、和谐的人文环境。

双年展期间，市人大、政协、参事室、建设单位纷纷组织参观展览，各大专院校将课堂放在了展厅，聆听大师讲座，一睹大师风采。《人民日报》《中国建设报》《湖北日报》《长江日报》、中国城市杂志、汉网等主流媒体不间断的进行了连续报道，使双年展影响力进一步扩大。让更多的市民了解双年展，参与双年展。

五、武汉双年展闭幕后的思考：探求城市与艺术的平衡

从古至今，优秀的工程从来都是与艺术相伴而生的。在联合国教科文组织《世界遗产名录》中，已公布的700多项文化遗产，全部都是人类文明发展史上各个时期的工程遗址，从众所周知的金字塔、希腊神庙、北京长城到鲜为人知的肯尼亚拉穆古城和巴拿马加勒比海岸的防御工事，它们不需要任何语言就阐述了一个真理——工程之美才是大美。当今中国，艺术已经成功地融入了城市生活，毋庸置疑，设计是实现这一愿景的唯一途径——最美的城市一定是“设计之城”。

双年展荣获了第七届“武汉市宣传思想文化工作创新奖”，留下的精彩和震撼，展示了武汉“设计之都”的实力。武汉应该紧紧围绕这个优势，打造产业集群。未来的城市群不会按行政划分，而是按资源禀赋、按整合资源的能力来划分。武汉具有深厚的历史文化积淀和产业优势，潜力巨大。武汉将成为国际大都会、成为中部地区实施全方位开放战略的支撑点。在增强软实力方面，武汉有着诸多先天优势：深厚的文化底蕴、陆路交通中心和大的航空港正在形成，武汉的水系和绿地等自然禀赋很好。武汉应充分利用这些优势，为百姓营造良好、宜居的生活环境、和谐的人文环境。本次双年展作为武汉设计双年展的第一届，并取得了

公认的成功，为我们今后长期持久的进行此项工作奠定了基础，通过设计双年展，让世界认知武汉，使“武汉设计”“武汉设计双年展”“工程设计之都”的品牌成为武汉城市文化新品牌并走向世界。

历时20天的双年展，对“城市面貌如何再创新”提出了更深的思考，也为“复兴大武汉”提供了更多的参考。

专家点评

金德钧：工程设计有助武汉打造城市个性

原建设部总工程师、中国国际城市化发展战略研究委员会主任、
中国市政工程协会会长

我看过武汉双年展，感觉确实用心良苦。在城市设计方案当中，有建筑产品设计，有区域设计，甚至有单体工程设计，但无论哪一种设计都需要综合考虑。武汉通过产业联盟的方式把设计界方方面面的力量根据需要组合起来，达到综合的效果，也就是用优势互补替代无序竞争，这个想法非常好。

我们到一个城市首先看什么？就是看建筑，看这个城市的建筑有没有自己的个性。我们要把一个建筑的个性从设计大师的想法，变成一个现实，成为一个地标，如此积累成为一个城市的个性。当然城市个性还有很多方面，最直接的就是建筑。武汉走的这条路，就是把武汉这个城市，通过他们的设计优势，建成一个在全国有个性的城市。我非常希望这个目标能够实现。武汉有山有水，有许多湖泊，怎么利用好这个自然条件，把武汉建成工业城市，也建成非常有特色、有个性的城市，我非常期盼。

（刊载于《城市化》杂志2013年第1期）

脚印城市　海绵城市　循环城市

——广东省湛江市城市绿色化之实践

王中丙　湛江市人民政府市长

一、前言

湛江地处我国大陆最南端，位居国家三大半岛之一的雷州半岛，全市人口800多万，市域面积1.326万平方公里，市区面积1460平方公里，其中，中心城区面积225平方公里，人口165万。海岸线总长2100多公里，是“一带一路”海上战略支点城市、环北部湾中心城市之一、宜居宜业宜游的生态型海湾城市。

近年来，在有序推进新型工业化和城镇化进程中，针对城市规划建设管理，尤其是城市经济运行、交通运行中暴露出来的矛盾和问题，湛江认真贯彻党的十八大和十八届三中、四中、五中全会以及中央城市工作会议精神，深入学习贯彻习近平总书记系列重要讲话精神，落实创新、协调、绿色、开放、共享五大发展理念，从城市发展的实际出发，坚持以人为本，大胆探索实践，创新城市建设思路，理清城市发展方向，按照车行畅顺、慢行宜人、水行生态、风行流通、物行循环“五行”要求，提出并加快建设脚印城市、海绵城市、循环城市的“三个城市”，坚定走绿色、低碳、循环的城市发展之路。

2016年以来，湛江市聚力推进中心城区金沙湾“三个城市”示范样板区建设，通过优化街区路网结构、改善周边水体环境、垃圾分类回收处理等措施，丰富片区商业文化与旅游休闲功能，为深入推进“三个城市”建设发挥了示范和引领作用。2017年3月，联合国环境署专家考察湛江申报“联合国SUC可持续发展先锋城市”，对湛江“三个城市”的建设实践给予充分肯定。

二、背景：建设“三个城市”是湛江推进以人为核心新型城镇化的成功实践

（一）建设“三个城市”，符合党中央、国务院重大决策部署，符合中央城市工作会议精神

党的十八大提出走中国特色新型工业化、信息化、城镇化、农业现代化道路。2013年11月，党的十八届三中全会通过的《中共中央关于全面深化改革若干重大问题的决定》，明确将完善城镇化健康发展体制机制作为深化改革重点目标之一。2013年12月，中央城镇化工作会议提出“要以人为本，推进以人为核心的城镇化，着力推进绿色发展、循环发展、低碳发展”，“建设自然积存、自然渗透、自然净化的海绵城市”。2014年3月颁布的《国家新型城镇化规划》提出“优先发展城市公共交通，将公共交通放在城市交通发展的首要位置”，“绿色化”和“国际化”成为新时期中国经济发展转型的方向和刚性要求。基于国家政策背景，结合城市发展的现实需要，湛江市果断提出建设脚印城市、海绵城市、循环城市“三个城市”的工作要求，并将“三个城市”作为湛江打造绿色城市的主要综合实践，持续发力，扎实推进。

（二）建设“三个城市”，符合城市可持续发展的现实需要

2015年7月，联合国环境署发布了可持续发展领域国际化评价体系《可持续城市与社区评价标准导则》，旨在指导发展中国家可持续建设。低碳环保成为全球关注的话题，湛江“三个城市”建设符合未来城市可持续发展的大趋势。

（三）建设“三个城市”，符合城市绿色出行趋势的现实需要

随着城镇化尤其是城市现代化、机动化进程的加快，市民步行、骑行的出行

环境日益恶化，慢行出行分担率大幅降低。进入21世纪，鉴于绿色环保和解决交通拥堵的问题，慢行交通和公共交通再度成为世界各国特别是发达国家居民青睐的交通工具，比如欧洲国家、美国等。在我国，住房城乡建设部2014年1月颁布《城市步行和自行车交通系统规划设计导则》，确立了低碳环保的步行和自行车交通在道路规划设计和管理中应有的地位。目前，国内许多城市在绿道网建设中，划分了步行廊道和自行车道，建立BRT快速公交系统，使地铁、城轨、快速公交、常规公交的无缝换乘更加便利，越来越多人倾向于BMW（公交+地铁+步行）的出行方式，湛江“三个城市”是推动城市绿色出行的创新实践。

三、主要做法：精准发力，综合施策，着力转变城市发展方式

（一）以建立和完善城市绿色出行系统为取向，加快建设脚印城市

湛江市于2014年率先提出建设“脚印城市”的理念，2015年在市区全面启动建设。与此相适应，我们在住房城乡建设部的指导下，出台制订了全国第一部技术导则，制定并实施湛江“脚印城市”建设八大行动计划，扎实推进规划建设紧凑型街区、生活化街道、科学分配路权、构建慢行系统、打造公交都市等关键性工程，并取得了明显成效。过去一年，湛江市累计投入资金16亿元，其中，建设城市道路27.5公里；绿道220公里；划分公交专用道20.4公里；添置新能源公交车541台；投放新能源出租车480辆；租赁自行车1万辆；有效地提高以公共交通、自行车及步行为主的绿色出行分担率。

中央城市工作会议提出了“建设和谐宜居、富有活力、各具特色的现代化城市”的发展目标，明确提出“一个尊重、五个统筹”的城市工作要求，特别强调要坚持集约发展，树立“精明增长”“紧凑城市”理念，科学划定城市开发边界，推动城市发展由外延扩张式向内涵提升式转变。《关于进一步加强城市规划建设管理工作的若干意见》明确提出：“加强街区的规划和建设，分梯级明确新建街区面积，推动发展开放便捷、尺度适宜、配套完善、邻里和谐的生活街区”“树

立‘窄马路、密路网’的城市道路布局理念，建设快速路、主次干路和支路级配合理的道路网系统”“加强自行车道和步行道系统建设，倡导绿色出行”“以提高公共交通分担率为突破口，缓解城市交通压力”，等等，这些意见要求与湛江建设“脚印城市”的理念、做法和技术要求不谋而合。

湛江“脚印城市”建设的基本做法主要有：

1. 紧凑型街区

在中心城区，特别是人流活动密集区域采用小尺度街区的开发模式确定合理的用地规模，鼓励通过较高的建筑贴线率保证临街商业界面的连续性，提升街道活力。坚持以城市“旧区”和“新区”为基本分区，结合开发程度、主导功能、交通组织、景观风貌、历史文化保护等差异，因地制宜选用不同的控制方式和强制性要求，从而实现紧凑型街区。为了改变宽马路 + 单一功能的大尺度街区，给步行、自行车、公共交通等绿色出行方式带来障碍，我们主要采取以下两个措施。

（1）缩减街区尺度，增加路网密度。一是加密城区支路网密度，营造城市微循环系统。通过修编《湛江市城市规划管理技术规定》，规定城市规划商业用地和居住用地（容积率 2.0 以上区域）地块或道路边长 300 米以上的，应在该地块或道路中段设置对外开放的支路或街坊路，营造城市道路“微循环系统”。对用地单位投资建设支路并无偿对外开放，采取把道路用地纳入容积率计算，按相邻项目容积率的 0.5 倍给予容积率奖励的办法，调动市场主体的积极性。二是建设新区示范区。对海东新区起步区做了一些新的尝试和探索：街区尺度控制在 150-250 米之间。同时，规划连续贯通立体的步行系统，通过建设脚印城市技术导则，引导建设单位设置地面步行廊道和二层步行连廊，最后通过天桥、地下通道、建筑二层空中连廊，将商业、办公、交通枢纽、重要建筑和重要景观地带串联起来，在形成连续立体、舒适宜人的步行系统。

（2）用地功能混合开发。利用湛江城市总体规划修编和中心城区控规全覆盖的契机，从城市用地布局、空间结构考虑职住平衡，结合行政分区和组团设置一定规模工业用地，并按规范要求重新调整配置公共服务设施，避免过于集中、单一功能所造成的潮汐性交通。同时，在控制性详细规划修编中考虑不同用地功能之间的兼容性，选择功能互补性强，能支持多层次活动的土地混合开发，如：居住、办公、商业、公共服务、娱乐的综合开发。通过平面功能混合开发以及不同时间段功能用地的使用特性，减少通勤交通造成的交通拥堵问题。

2. 生活化街道

针对街道人气少，建筑退线很大，空间被停车占用，缺少必要的遮阴、座椅等家具设施等问题，我们采取三个办法“还路于民”。

（1）缩减建筑退线，塑造积极的街道界面。根据道路两侧的建筑使用功能和业态，缩减建筑退让道路的距离，将街道融入通行、休憩、娱乐、交往等功能，形成步行空间、休闲空间、小型交往活动空间，形成有活力的街道界面。

（2）塑造有活力的公共空间。根据公园绿地、广场和公共体育活动场地等的占地面积，设置不同尺度、不同规模的公共空间，提高公共空间的可达性，提供各种人群活动所需的场地和设施。一是项目建设预留公共空间。要求建筑退让城市道路空间作为城市公共休闲空间使用，不得设置围墙和作为机动车停车场。将居住区附属绿地面积 2% 的绿地规划为对外开放的公共绿地，作为公众休憩使用。二是结合公园设置体育设施。在公园可利用的公共空间布置体育设施，满足休闲和运动的需求。三是结合公园设置休闲娱乐设施。吸引人流，增加公园的活力。四是人性化的细节设计。公共空间细节设计以人为本，考虑人的活动需求和使用功能。

（3）增加遮阴设施、街道家具、照明、标识系统。在街道和公共空间增设遮阴、休憩、亮化等设施，吸引人驻足和停留。针对南方树木茂盛树冠低矮，对人行道照明灯头的高度进行调整，把路灯灯头由 6 米调整到 4.5 米左右，提高透亮率。

3. 路权分配

对城市道路（除快速路）分配路权时，遵循行人·骑车人·公交乘客·汽车驾驶人的优先级原则。对市区已建道路步行和自行车交通空间不足的，鼓励实施机动车道瘦身计划，减少机动车道数量，增加非机动车道空间。针对城市道路规划建设以车为主，步行、骑行的空间被挤占的现象，我们主要采取五个方面措施。

（1）从技术标准上规范路权分配。规定城市各级道路优先保证人行道和自行车道，对有条件的城市主次干道设置公交车专用道；干道以上等级道路实行机非、人非绿色隔离，并合理设施公交专用车道；老城区道路空间不足时，优先保证人行道、自行车道以及机非物理隔离；非机动车道、绿道和人行道尽量做到对称分布，若受道路宽度限制，也可以选择非对称分布。同时，明确规定“机动车系统（包括分隔带）与慢行系统（包括人行道、绿道和非机动车道）道路断面宜按以下比例分配：快速路、交通性主干路慢行系统不小于道路断面的1/3；生活性主干路、次干路慢行系统不小于道路断面的1/2；支路慢行系统不小于道路断面的2/3（机动车道不小于6米）”，充分保障慢行系统空间的路权。

（2）从政策引导上保证路权分配。采取“政府 + 市场”的办法，通过制定奖励性政策，调动项目建设单位参与建设的积极性。如：规定临近城市道路的建筑应在沿街面设置骑楼，骑楼架空廊道面积不纳入建筑面积和建筑密度计算，并按架空廊道水平面积的1.5倍奖励建筑面积，奖励的建筑面积不纳入容积率计算；经批准建设的相邻公共建筑二层以上相连或跨越（下穿）街区，用于公共交通联系功能的空中走廊和隧道。按过道水平面积的1.5倍奖励建筑面积，奖励的建筑面积不纳入容积率计算；项目用地开发建设时，在项目地块内建设的对外开放的公共道路，按相邻项目容积率的0.5倍给予容积率奖励。

（3）从建设内容上落实路权分配。一是建设骑楼和风雨连廊。规定首层架空设置骑楼作为城市公共开放空间，供行人通行。二是建设地下过街通道。在城市商业中心区主要商业建筑和交通节点之间建立多层立体步行系统，形成全天候步行区域。三是建设人行天桥。在繁华商业街区建设人行天桥，减少人流穿越对道路交通的干扰。四是增加道路绿色交通路权的比例。根据交通需求，重新划分街道路权，增加步行、自行车的路权比例，优化出行环境。五是通过机动车道瘦身，增加绿色交通路权比例。六是设置安全过街通道。将行人和自行车、电动车过街分道设置，保障通行安全。七是设置下沉式道路，保障地面慢行空间，增强快速通行能力。八是设置慢行空间保护设施。在人行道、自行车道等与汽车道交汇的处设置小石柱，抬高路缘石高的高度，防止汽车入侵慢行空间。

（4）从管理措施上保障路权分配。一是设置公交专用道，确保公交优先。二是设置骑行专用道，保证电动车、自行车路权。三是设置骑行候灯区，确保慢行优先。为避免支路机动车与自行车和电动自行车之间的相互干扰，在机动车停止线前布置自行车候灯区。把停车线退后10米左右，留出足够的空间给自行车和电动车。同时在信号灯的控制上也采取自行车优先机动车变绿的措施，让自行车优先通过路口，缓解两种交通方式之间的影响。

（5）解决影响路权的矛盾和冲突点。一是清除电线杆、电箱等“拦路虎”，保障行人通行畅顺。二是规划和建设电动车和自行车的停放站点，清理和整顿车辆乱停放行为，确保停车规范化。三是规范建设和管理退让道路空间。整治项目退界空间，打通围墙，强化小区通达性。

4. 连续绿道

分别从宏观、中观、微观三个层面对中心城区慢行系统进行优化，明确不同等级道路的不同功能，打造层级清晰的慢行网络体系。提出适合一般慢行网络（步行、自行车）的设计方案，通过增加路网密度，设置自行车专用道，建设市区绿道网，形成慢行交通网络，营造了宜人的慢行系统。针对城市慢行系统密度不够，通达性不够，不安全、不舒适。我们主要采取三方面措施。

（1）建设市区绿道网，形成慢行交通网络。通过优化现状绿道系统，完善自行车配套基础设施，健全线路指示标识，建设沿岸、沿湖观景自行车道，营造安全、舒适、便捷的骑行环境，引导市民选择骑自行车出行，缓解交通压力。目前，湛江市区共规划绿道线路13条，全长约400公里，设置103个驿站，现已建成绿道142.3公里，基本将市区主要公园和重要公共服务设施节点串联起来，形成了良好的慢行交通网络。

（2）设置友好过街设施，保证慢行优先。在过街设施的标识上，明确保障行人的空间权力，建设有特色的、行人友好的标识系统，保障行人安全便捷通行。

（3）建设自行车高速公路，倡导绿色出行。整治岸线功能，结合广州湾大道建设一条长度约 10.7 公里，禁止行人行走及汽车行驶，专门用于骑行的“自行车高速公路”，提高赤坎和霞山两个城区间的骑行速度，减少交通拥堵和碳排放。同时，建设从高铁站到市区自行车高速公路。未来计划规划建设连接各县市区的区域自行车高速公路，形成一个连续、循环、高效的自行车高速公路系统。

5. 公交都市

在城市总体规划和综合交通规划中明确公共交通在城市客运中的主导地位，形成以大中运量公共交通为骨架，常规公交为基础，出租车和水上客运为补充的发展模式。建设公交信息指挥系统、公交出行服务系统、电子站牌等智能公交系统建设，中心城区实现了APP智慧公交。推广纯电动新能源公交车的应用，打造“绿色公交”，中心城区公交全部采用新能源公交车。针对公共交通与用地缺乏协调、公交用地缺乏保障、路权缺乏保障，不同绿色交通方式的接驳不顺等问题，我们坚持“政府主导、公交公益、公交公办”的发展方向，收回公交营运权，市区公交统一由公交集团来经营。并提出规划、建设、路权、保障“四个优先”。

（1）规划优先（枢纽、场站规划）。编制《湛江市公共交通体系专项规划》，以规划引导建设。优先保障公交场站用地，加快公交首末站、枢纽站、综合车场和港湾式停靠站等城市公交站场建设，提高公交进场率。

（2）建设优先（基础设施）。科学设置公交站场，完善公交基础设施。建设海田公交枢纽站场，海东新区客运枢纽站大型公交综合站场及一批公交首末站。

（3）路权优先（专用道）。重新划分城市道路路权，市区城市道路划分 20.4 公里公交专用道，保证公交车在高峰期时段顺利通行。

（4）保障优先（车辆、设备）。一是加大车辆更新力度，提升绿色公交硬件设备。

购置 170 辆 LNG 公交车和 371 辆新能源公交车以及 376 辆纯电动公交车，成为全国地级市营运公交纯电动车最多的城市，全国第一个公交车 WIFI 全覆盖的城市，与全国 35 个城市实现 IC 卡互联互通。推行公交 GPS 调度系统，探索公交智能电子站牌的创新应用，建设手机 APP 系统，提高公交车发车频率和准点率，增加车辆班次、缩短班时班隔，让市民直观掌握车辆位置、道路及车厢拥堵情况。二是加大基础设施建设力度，投入近千万元资金新建 56 座款色新颖的港湾式候车亭，港湾停靠站的建设留出足够的骑行空间，保障骑行人的安全和骑行通畅度，确保道路通行效率不受公交车进出站的影响。三是发展公共租赁自行车。公共自行车驿站与公交站无缝接驳，打通公共交通“最后一公里”。主城区现有自行车站点 472 个，公共自行车设备 10000 套，基本实现市区范围全覆盖，全市平均每天租用达 3.5 万人次。

（二）以主城区治水为突破，加快建设海绵城市

湛江位于广东西南部，地处北热带季风气候区，受海洋气候调节，常年有热带风暴、台风影响，雨量比较充沛，年均雨量 1417 ~ 1802 毫米，地面雨水主要通过河涌或者排水管渠流入大海，老城区常受“水浸街”困扰。

根据国家建设海绵城市的要求，结合湛江城市实际，编制出台《湛江市海绵城市专项规划及试点区域实施方案》，制定了海绵城市建设技术标准化管理规范，明确人行铺装、雨水沟渠设计、停车场生态、屋顶绿化等 22 个技术标准，集中整治市区河涌和水浸街黑点，实施公园绿化低影响开发建设、海绵小区试点、城市道路雨水系统构建试点、城市河渠低影响开发雨水系统试点、海绵城市示范区和完善城市规划编制及管理规定六大行动计划。除试点区域确定建设 130 多个项目外，还同步编制试点区域外 239 项建设项目库，实行滚动编制制度，使海绵城市建设工作达到整体协调，稳步推进，起到以点带面的示范作用。

按照海绵城市的建设要求，我们坚持在城市建设中牢固树立雨水自然积存、

自然渗透、自然净化的理念，自觉落实“先底后图”“先自然后人工、先地下后地上”的建设要求，最大限度减少水泥地面，减少不透水硬化铺装，减少占用涵养水源的林地、草地、湿地；依托新区开发建设，探索创新融资模式，开展并扩大地下综合管廊建设试点。结合海绵城市建设，着力改善提升城区水环境，出台实施《湛江市主城区水系综合整治三年实施计划（2015～2017年）》，全面整治主城区22条河涌，大力施截污管道、污水处理、生态修复和生态补水四大类共48项治理项目，至2017年实现污水变清水，至2020年实现清水变生态水，至2025年实现生态水变直饮水。

（三）以推进垃圾分类回收为突破口，加快建设循环城市

湛江是国家循环经济示范城市，在广东省继广州市之后成为第二个获此殊荣的城市。湛江开发区、奋勇高新技术产业开发区分别是国家、省循环化改造示范试点园区。湛江市建设国家循环经济示范城市主要以垃圾分类回收为突破口，实行分类、分袋、分装、分放、分运、分责“五分”，建设了冯村垃圾焚烧厂，实现城市生活垃圾无害化处理。并从以下八个方面发力：

一是以布局优化为着力点，进一步大力发展园区经济，推动产业集聚规模化发展，同时推动现有园区的循环化改造和升级，推动园区关联产业之间的高效耦合；二是以钢铁石化产业集群为着力点，拓展延伸发展装备、能源电力、化工和新型建材、物流服务等产业链条，构建完善的重化工业海港经济产业链条；三是以产业转移园为着力点，推动转移产业与湛江市现有产业的高效对接及与周边城市的错位发展；四是以强化规模化、设施化、标准化、品牌化和循环化农业基础为着力点，大力发展节水型高效农业，推动工农复合发展；五是以再生资源回收利用体系和生活垃圾分类回收、集中处理体系建设为着力点，健全社会层面资源循环利用体系；六是以推广普及绿色消费模式和循环文化为着力点，推动形成循环型社会；七是以完善城镇生态型基础设施建设为着力点，促进产城融合发展，建设美丽湛江、智慧湛江；八是以体制机制创新为着力点，推动建立长效机制。

目前，湛江在赤坎金沙湾片区开展“三个城市”建设样板区建设，推进“脚印”路网、“海绵”试点和“循环”社区建设，试点城乡生活垃圾分类回收和集中处理，打造城市转型发展样板片区。通过打通社区围墙、科学分配路权、加建风雨连廊、厨余垃圾分类处理、推行限塑令、综合整治环境、整治车辆乱停放等一系列措施，实现了垃圾分类回收处理，打造了宜人的慢行出行环境。作为环境综合治理的难点问题，在金沙湾已得到有效的解决，这一成功做法将在湛江广泛推广与应用。

四、主要成效：湛江建设“三个城市”获得广泛的社会认同和支持

（一）重塑城市活力：从“车轮城市”向“脚印城市”转型

湛江是“一湾两岸、拥湾发展”的海湾城市，中心城区呈组团式发展，海湾西岸建成霞山、赤坎一南一北两个老城区，由三条南北走向的主干道相连接，市区早、中、晚上下班高峰期“潮汐式”拥堵现象越来越严重。建设“以人为本、公交优先、行人优先”的脚印城市，推动城市交通从“资源管理”向“需求管理”转变。通过建设生活化街道、紧凑型街区，强化社区开放通达，打造适合公交出行、安全骑行、休闲步行的低碳出行城市。初步形成了紧凑型的街区，构建了多元的生活化街道和宜人的慢行系统。脚印城市建设在湛江全面推进、深得民心，近途步行、短途骑行、中途公交、远途拼车出行成为市民喜爱的绿色出行新时尚，交通拥堵现象得到一定的缓解，城市活力和美誉度得到进一步提升。

（二）重构生态框架：从“水泥森林”向“海绵城市”转型

通过严控开采和涵养回补，地下水位下降趋势得到控制；实施“水清岸绿”工程，对 14 条“臭水河渠”进行了流域截污、生态治理，主要河流水质显著提升；全面排查并完成易涝点的整治，“水浸街”问题明显改善；粤西首个数字化城市管理中心为海绵城市的建设、运营、监测和评估等系列工作提供了平台基础，

应急能力和城市精细化管理水平大幅提升，有力地促进海绵城市建设的后续工作。同时，相继建成的海绵道路、海绵公园、海绵小区为城市增加大量的人工海绵体，有效缓解城市内涝。目前，万达广场、保利愿景花园、京基城2期、君豪酒店四个建筑获得了广东省或国家绿色建筑的标志，初步达到了海绵化建筑与小区的要求；在建的华田路、源珠路等城市道路认真落实了海绵城市建设理念，经过一年多的建设，海绵城市建设工作初见成效。城市从水泥森林、硬底化向排水防涝、防洪工程体系健全，自然渗透、自然积存、自然净化的海绵城市转型。

（三）重建物行循环：从“垃圾围城”向“循环城市”转型

积极建设循环经济示范城市，围绕资源高度循环利用总要求，着力构建循环产业和社会资源循环利用两大体系，重点实施58个循环示范项目。突出利用湛江钢铁基地和中科炼化两个国家级临港重化产业项目隔墙布局、同步建设的机遇，推进高炉矿渣高值化资源化和钢厂含铁尘泥资源综合利用，发展钢铁石化循环经济；建设再生资源交易平台、循环经济信息服务平台和技术研发及孵化器平台，强化循环经济服务支撑；推进餐厨垃圾分类收集，完善城市生活垃圾回收分类处理体系，在加快垃圾处理设施建设的同时，注重从源头减少废弃物的产生，注重用社会和市场力量推进废品回收，实现垃圾“化整为零”，就地回收处理，强化了城市污水处理和建筑垃圾再生利用。在倡导绿色生活方式，构建完善再生资源回收体系，推广绿色建筑和建筑节能方面取得了一定的成效，城市正在从资源消耗从向资源循环利用转型。

五、经验与启示：政府主导推动、社会响应联动是着力转变城市发展方式的基本之策

（一）坚持规划引导，抓好配套政策这个前提

建设“三个城市”只靠领导重视还不行，必须落实到规则上。有了规则和标准，

部门在审批项目的时候就有了依据。建设脚印城市是新时期城市规划建设理念的继承和创新，需要理论的指导和技术的支撑。为了有效指导规划和实践，便于执行和落实，需要将新做法与相关规范结合。湛江修编《湛江市城市规划管理技术规定》,编制《湛江市建设脚印城市规划技术导则》以及“三个城市”建设实施方案，及时为指导“三个城市”的规划和建设提供有力的规范和引导。实践与立规相结合，不但将理念和思路转化为具体的规定和要求，而且确保新措施、新做法得到贯彻和落实。

（二）坚持近远结合，抓好统筹协调这个基础

目前，湛江中心城区人口约 110 万，机动车保有量 20.6 万台，尚未达到建设地铁的条件。近期，脚印城市建设以缩减街区尺度，打造生活化街道、科学权分配路、建设慢行系统为主，引导广大市民近途步行、短途骑行、中途公交出行、远途拼车出行，提高以公共交通、自行车及步行为主的绿色出行的分担率，远期建设高效公交都市，实现轨道、航空、航运、高速公路多式联运、无缝接驳；与此同时，湛江还结合实际分别提出海绵城市和循环城市建设近期和远期建设目标和要求，针对性解决现阶段存在问题和难题。只有立足现状、规划长远，把远期规划和近期建设有机结合起来，从基础入手、从细节着手，才能实现绿色低碳“蓝色生态之城”的规划设想。

（三）坚持创新理念，抓好传承突破这个关键

“脚印城市”建设提出一些创新的观点和做法，如：规定生活街区的尺度、路权分配的比例要求、机动车道宽度的瘦身要求，沿街商业建筑设置风雨走廊以及居住组团必须将绿地的 2% 用作公共空间，临街设置成街头绿地等做法和措施，既是理念上的创新，也是传承和突破。需要规划管理部门从技术标准、管理措施方面处理好已建和新建的矛盾，形成依法办事、规范运作的机制，做到每项举措有依据、每个行动有标准、每个细节有规范，才能使“脚印城市”的理念和做法落到实处。

（四）坚持政企合力，抓好资金来源这个保障

城市建设解决资金问题是难点，只有探索有利于实施“三个城市”发展的长效机制，才能切实解决这一难题。除了制订促进绿色交通、低碳出行、循环发展方面的政策措施，预算中安排专项资金、积极争取国家和省级资金外，还应该充分发挥政府与市场的合力，采用企业捐建、政府补贴（奖励）、土地捆绑、项目捆绑的方式，进一步拓宽融资渠道，引导社会资金、外资投入建设，才能为探索这一成功实践提供保障。

（五）坚持绿色低碳，抓好城市转型这个导向

应对城市发展中的挑战，打造一座好城市的关键是转型。建设“三个城市”是观念转型、消费转型、行为转型。随着宝钢湛江钢铁和中科炼化等重大项目的落户，以及省委、省政府对湛江的政策支持和倾斜，湛江在迎来跨越发展机遇的同时也面临着巨大的资源环境压力。建设循环城市，发展循环经济是促进湛江市城市与产业双转型，以循环经济模式推进重大项目建设和产业发展，是实现转型发展的必由之路；建设脚印城市和海绵城市，是以公共交通、绿色交通为核心，解决城市拥堵，引导低碳出行，建设绿色、生态、安全、宜居之城，是推进新型城镇化建设，构建绿色、低碳、循环型社会，推进生态文明建设，实现转型发展，谋求后发崛起的湛江“既要经济崛起，又要蓝天碧水”的必由之路。脚印城市、海绵城市和循环城市三位一体，有机融合在新型城镇化的全过程，是湛江推动城市转型、实现绿色化发展的探索与实践，是湛江回归人本城市的纲领与宣言。

专家点评

曾真：湛江“三个城市”建设是具有标杆意义的好案例

中国（深圳）综合开发研究院城市化研究所所长、
中国国际城市化发展战略研究委员会委员

湛江，由于地理上的特殊位置，若干年来一直是粤西南大地上最重要的城市。我的印象中这个城市极具自然的美丽，蓝天、大海、椰林，无不让人流连忘返。但多年来我和众多人一样：非常担心因为千城一面的“城市化”而将这座城市的独特魅力毁于“高大上”的平庸。

通过王中丙市长的介绍，我真正感到由衷的欣慰。近年来湛江市在以人为本理念引领下开展的“三个城市”建设活动，对于遍及各地的新城建设、城市更新，无疑是一个具有标杆意义的好案例。湛江的“脚印城市”特别令人兴奋。紧凑型街区、生活化街道、用地功能混合等，这些看似正常的东西，能在近二十多年的轴对称、大广场、宽马路一统天下的浪潮中重新回归，不仅是湛江市民的福音，也为中国其他城市的规划师、设计师、管理者们提供了观摩、学习的实践地。真诚地希望湛江“脚印城市、海绵城市、循环城市”的理念和实践能影响更多的中国城市，对遏制城市风貌的千篇一律和简单粗放产生正能量。也希望湛江这座“近者悦、远者来”的南方明珠未来更加璀璨。

（刊载于《城市化》杂志 2016 年第 12 期）

正大集团慈溪现代农业生态园发展模式初探

杨海浩　正大集团董事长办公室总裁
中国国际城市化发展战略研究委员会乡村建设专委会副主任

“芦苇摇曳，草长莺飞，一片干涸的土地上凝结着白乎乎的盐碱……”这是正大慈溪现代农业生态园三年前的剪影，谁也没有想到，三年之后这片贫瘠的盐碱地摇身变成了生机盎然的“大粮仓”“菜篮子”。蔬果飘香、白鹭齐飞、稻浪滚滚、阡陌交通，俨然一片田园牧歌的诗意景象。不仅如此，正大慈溪现代农业生态园项目还将像正大集团谢国民董事长所希望的那样：通过发展具有超前理念的高效生态农业，对种植、养殖等产业进行循环利用和开发，做成现代农业的样板！

一、利国利民，政府鼎力支持

当前，中国正处在由传统农业向现代农业转型阶段，现代农业进程需要攻克多道难关：一是土地分散。中国目前大多数地方仍然是精耕细作的小农经营模式，生产效率低、技术落后、竞争力不强；二是生态环境恶化。水污染、土壤污染等问题一直困扰着农业发展；三是近年来食品安全问题凸显。“三聚氰胺奶粉”“苏丹红鸭蛋”“毒大米”“染色馒头”事件的曝光，人们呼吁更健康、生态、安全的食品；四是快速的城市化进程使城市建设与农业争地，造成耕地面积减少，城市化的进程也吸引了更多的农民进城务工，土地被荒废。特别是一些80后、90后“新生代农民”，他们不愿意回到农村生活，农业劳动力资源紧缺、农民知识水平低；五是传统的农业生产者往往只顾大量盲目的生产，在销售、品牌、冷链、物流等领域开发的不够，也在一定程度上制约了中国现代农业的发展。这些问题是农业现代化进程中必须克服的难题，也是各级政府迫切需要解决的问题。

从2010年开始，正大集团尝试建立种养结合的规模化现代农业园区，以此示范推广，目标是引领中国农业逐步向生态农业、科技农业、智慧农业发展。当年4月，在慈溪开始建立现代农业科技生态园区。该园区占地约3.9万亩，东临宁波60公里，西至杭州138公里，北距上海150公里，距杭州湾跨海大桥16公里，毗邻杭州湾新区、杭州湾滨海度假区、北海旅游经济带以及达蓬山旅游区，具有优越的地理优势以及良好的周边环境。按照正大集团“从农田到餐桌”的发展战略指引，正大慈溪现代农业科技生态园向着“生产、生态、生活”多功能并重，以及充分体现低碳、循环理念的国际一流的都市生态园的目标前进，推动当地现代农业的跨越式发展。政府对项目充满信心，并鼎力支持，提供了无微不至的服务，对项目基础设施的投入超过10亿元。

二、产业化生产，打造现代农业样板

谢国民对正大慈溪现代农业科技生态园设立的建设标准是：“正大集团从事现代农业，肯定是一步到位，达到世界一流水准的。希望通过在慈溪杭州湾发展具有超前理念的高效生态农业，对种植、养殖等产业进行循环利用和开发，做成现代农业的样板，给中国农民提供一个学习现代化农业的平台。”正大慈溪现代农业生态园建设围绕“高起点规划、高标准设计、高质量建设、高效率运行”的原则，切实打造成基础设施全、生态环境好、科技含量高、资源消耗低、生产能力强、产品品质佳的生态农业示范基地和现代农业样板，成为长三角地区乃至全国现代生态高效农业发展的新亮点。该园区是新围垦的滩涂地，具有地块面积大、不含污染元素、尚未开发利用的优势。但问题也接踵而来，新围垦滩涂地无种植基础，土壤盐分高，想要种植首先要解决盐碱地土壤改良这项世界性难题。经过刻苦攻关，园区在水稻种植过程中摸索研发出“淋盐洗碱”的方法，不仅快速降低了盐分，并且实现了当年滩涂改良，当年种植收获水稻900斤的创举。经过经验快速复制，截至去年，园区已种植水稻2.2万余亩，实现1人管理300亩水稻种植，标准化、机械化、集约化已经得到了实现。

三、种养结合，实现低碳循环持续发展

该园区确立了“一园十区”的新模式：以水稻、蔬菜种植为主，集优质畜禽养殖、食品加工与物流、农业高新技术研发和培训、农业休闲观光等十个产业功能区块于一体，各产业环环相扣、有机结合，形成大农业循环综合园。园区在种植过程中尽量地减少或不使用农药、化肥等，采用种植和养殖结合，改善田间生态环境、提高土地肥力。蛋鸡项目与种植项目结合可为种植业提供大量有机肥料。经过测算，100 万只蛋鸡每天平均鸡粪产量 80 吨，年产鸡粪约 2.8 万吨，年产有机肥 1.3 万吨，消耗秸秆 0.4 万吨；而该园区一共用肥接近 1.3 万吨，基本上完全消耗掉有机肥场所产生的有机肥，实现了科学利用的生态循环。项目还利用稻田水面养鱼，既可收获活鱼，又可利用鱼吃掉稻田中的害虫和杂草，排泄粪肥，翻动泥土促进肥料分解，为水稻生长创造良好条件。

除了生产，还有加工和物流项目，一二三产业环环相扣，实现种、养、加、产、供、销为一体的产业化链条，促进农业可持续发展。如水稻种植不仅生产有机大米，而且与食品加工项目结合，生产面食和点心；蛋鸡项目不仅可以实现年产 2.2 亿枚优质品牌蛋和 1.3 万吨的有机肥，每年淘汰的老母鸡又是食品项目中“鸡汤”“鱼露鸡”的绝好食材；同时，蔬菜公司生产的绿色、纯天然蔬菜还是食品项目中“中华菜”和“名厨名菜”的重要食材，而这些产品通过仓储及物流中心，借助正大集团产业链优势，可以直接送到人们的餐桌上。

四、科技兴农，发展现代高科技农业

该园区将配备先进的智能农业管理设备，最大限度地减少浪费、保障品质、增加利润、保护和改善环境。园区利用无线可视化生产管理系统将总部生产技术操作规程、农机维修操作培训、安全生产培训等，及时传送到各区域，实现管理

及经营信息的共享互通；园区还利用 GPS 农机调配、服务系统，随时了解农机作业地点、油量消耗、作业面积等相关信息，一旦农机出现故障，车辆 GPS 定位管理人员可随时查找到机械所处位置，从而进行紧急救援，及时排除故障，减少时间浪费，保障生产正常运转；园区利用物联网系统，实时监测作物生长的环境信息、养分信息和作物病虫害情况，并利用相关传感器准确、实时地获取土壤水分、环境温湿度、光照等情况，通过实时的数据监测和特定作物的专家经验相结合，配合控制系统调理作物生长环境，改善作物营养状态，及时发现作物的病虫害爆发时期，维持作物最佳生长条件；园区还利用物联网技术，将棚内电动控制设备、自动化检测与控制系统进行远程控制，做到投入品智能化管理、生产过程监控与自动化、云端存储，通过这三者的实施，以及区块标识信息、产品批次信息、产品条形码或二维码的对应，实现产品可源追溯。这样一来，你只要用手机或电脑一扫描就可以看到和控制地里蔬菜的生产情况，从而确保食品质量的绝对安全。

五、生态宜居，打造休闲观光和旅游居住的美好家园

正在规划中的现代农业休闲观光项目与当地政府重点打造的旅游项目“新慈湖”比肩而建，这个比西湖还大的人工湖，占地 1 万亩，水库容量 4270 立方米，现在已经完成了新慈湖的整体建设。按照当地政府规划，湖中将有 500 亩土地用于建设生态绿岛公园，周边还规划有 4000 亩左右的土地建设森林公园，建成后新慈湖将成为集水功能、水生态、水景观和实用性、生态性于一体的水资源集纳地和市民观光休闲的好去处，与园区绿地、丛林与湖面相呼应，增强了区域内生态旅游价值，提高了整体的旅游影响力。将生产与观光在这里融为一体，不仅是农业观光基地，几乎每一个项目都是休闲、旅游、科普的好地方。

六、探索模式，为快速复制提供支持

园区实施“六统一”模式，通过统一提供种子、统一进行植物防疫、统一进

行技术指导、统一供应化肥农药、统一回收产品，给周边农民提供技术、农资等支持，形成示范带动效应，增加农业收入，促进地方经济增长，实现当地农业现代化的飞跃。项目将带动周边100万亩农业的现代化进程，同时也快速推动集团种植新事业的发展。

园区积极深化并探索出培养人才、创新机制、建立标准、突破融资、依托科技、做强市场六大策略措施来强化保障。如利用研发中心、培训中心的优势，培训一大批农业人才；进行机制改革，逐渐摸索出适应种植业发展的制度和机制，在全国进行有效复制；寻求多种力量，多层次拓宽中小企业融资渠道，突破融资难瓶颈；依托正大集团的农牧科技优势，引进国际最先进的种植、养殖和深加工技术和设备；建立统一营销平台，积极拓展商超、专卖店、网络等销售渠道；加强品牌建设，提高农产品的附加值和综合竞争力等。

我们可以看到，在不久的未来，正大集团将向社会奉献完全自有基地生产、全产业链保障、符合绿色、安全、健康的大米、蔬菜及其他食品，并且提供生态和谐、低碳经济的休闲观光及居住环境，实现正大集团提供“生命之食品”“精神之食品”“生活之便利”的愿景。

专家点评

赖文鑫：正大案例让我看到了祖国农业的希望

中国国际城市化发展战略研究委员会副主任，
中华两岸和平发展促进会主席、教授

我从台湾来，对这个项目并不陌生。在邓小平先生南方谈话以后，我是国家土地管理局请来的第一批土地规划专家。我生长在台湾的农民模范家庭，后来又改做企业。回到祖国大陆已经20年。在这20年间，我跑遍除了西藏以外祖国大陆的各个省和地区，看过至少30个开发区和示范农场。我非常希望大陆能够开发出一个非常先进、科技的农业庄园，今天我很兴奋，也很惊讶，竟然在一个民营企业看到了祖国农业的希望。

邵念强：正大案例实现了农业现代化、规模化

中国国际城市化发展战略研究委员会委员、
北京海渤湾投资顾问有限公司总经理

从中国城镇化的质量与速度这个角度讲，我想大家都会认同中国的农业现代化水平会直接影响到中国城镇化的质量和速度。在20世纪七八十年代，国家的发展目标是四个现代化。三四十年过去了，回头看，我国的农业发展是最慢的，因为农业发展的速度很慢，拖了城市化质量和速度的后腿。农业现代化的标志是农业产业化，产业化就要讲土地规模的经济性。土地规模的经济性就涉及土地的集中，土地集中的出口就是土地流转，目前在土地流转过程中出现了很多问题。今天，正大集团给我们提供的思路是从另外一个角度实现我们梦寐以求的农业现代化和农业规模化。农业现代化有三个主题，一是生态农业，二是高效农业，三是观光农业。生态农业和高效农业对正大集团来讲是看家本领。在他们的规划中，把观光农业、休闲农业、旅游农业的内容装到这个4万亩以农业为主题的小镇中，是一个提升和发展。

（刊载于《城市化》杂志2014年第4期）

三、文化保护与传承

湖北省武汉市武昌昙华林历史文化街区复兴

中国（深圳）综合开发研究院城市化研究所

一、昙华林保护发展过程

昙华林，全长约 1.2 公里，面积约 1.02 平方公里，位于武昌老城东北角，为胭脂山、凤凰山、螃蟹岬和古城墙所环抱。地势起伏，环境优美，历史悠久，人文荟萃。当年，昙华林里“雾市绝尘，烟岚枕郭”，风景秀丽。花园山上，“霭园丛秀”曾是鄂城八景之一。武胜门正街，商业繁盛不亚于汉正街。明代卫所、王府，清代衙署、贡院，以及佛寺、道观，代有更迭，积淀着厚重的传统文化的底蕴。近代“洋屋”星罗棋布，教堂、学校、医院，如雨后春笋，带着异国情调，向人们传递着西方文明的信息。江夏民居、西式建筑、名人公馆、普通宅院，五方杂处，风格各异，堪称中西建筑博物馆。林则徐修建丰备仓，储谷赈灾；张之洞创办新式学校，育士储才。吴禄贞撒播反清火种；刘静庵集结首义力量。陈独秀演说革命，董必武组建党团。贺龙整训队伍，郭沫若宣传抗战……这里的一举一动，都会在全国掀起风暴；这里的一山一石，都铭记着历史名人的丰功伟业。

新中国成立前，被民间称为外国领地的昙华林地区，不仅集中建造了一批西式教堂、学校、医院，也是名人别墅高档民居集中地区之一。晚清时，基督教英国伦敦会在昙华林一侧的戈甲营建造了崇真堂。天主教会在昙华林一侧花园山的传教基地占地 25.173 亩，建西式洋房 20 栋，总建筑面积 7632.98 平方米。英国伦敦基督教会 1880 年在昙华林 18 号创办武昌仁济女医院，占地 10.899 亩。昙华林东端街北侧是前清“丰备仓”遗址，现为武汉市第 14 中学校园。东端街南侧是美国圣公会于 1871 年创办的文化学校旧址。原仁济男医院左侧今昙华林 17

号是知名人士陈时于 1925 年 5 月向刘强生购置的住宅。昙华林 15 号是原仁济医院院长叶克诚 1922 年向文金寿等购买的住宅。昙华林 21 号是文华学校教职人员洛丹山于 1919 年向刘威侯购置。昙华林 31 号是“北洋水师”官员以翁谦益堂的堂名于 1925 年向肖功亭购置。这就是昙华林，它是传统文化传承的沃土、中西文化并生的花园，也是引领时代潮流的前沿、历史名人成长的息壤。

（一）2003 ~ 2006 年，制定保护规划。启动保护性改造由学者、专家、媒体力量共同推动的“昙华林热”，得到武汉市主要领导的积极回应，并于 2005 年决定启动昙华林历史街区保护改造工程，武昌区于 2006 年 7 月 27 日做“昙华林历史风貌街区项目保护规划”,同时做“武昌文化产业发展规划（2006—2010 年）”。2006 年始，市、区两级政府斥资 1.3 亿元，对昙华林西段道路和房屋立面进行了整修，修缮了一批优秀历史文化建筑。

（二）2007 ~ 2012 年，建设艺术村，促文化产业发展。2007 年 8 月，武汉博华林文化传播有限公司筹备打造“昙华林艺术村”，2008 年 7 月，武昌区文化产业办公室给予画室经营业主房租优惠政策，引进李三汉、刘政德等一批中青年艺术家，各类艺术展览、创作、培训、艺术用品专卖、艺术沙龙会所等 40 家。2009 年，武昌区文化产业办公室规划“昙华林艺术村”，2009 年 6 月 12 日，武昌区昙华林艺术村管理办公室昙华林艺术村文化产业发展激励政策，出台产业发展指导目录。

（三）2013 至今，综合培育、开放经营。2012 年 5 月，武昌文化旅游公司成立，随后与粮道街办事处紧密互动。5 月 20 日，湖北美院昙华林校区升级为文化创意产业园“昙华林艺术区”。7 月 5 日，“走进昙华林，爱我武昌城”中小学生夏令营开营，12 所中小学 200 余名师生代表。向全区中小学生发出倡议：做熟知武昌历史文化、热爱武昌、宣传武昌、善于发现“武昌美”、遵守公德、文明有礼的武昌人。2013 年 11 月 8 日，第二届武汉设计双年展在湖北美术学院昙华林艺术区正式开展。“昙华林”论坛首场取得成功。11 月 30 日，湖北省委、省政府共同为昙华林艺术区“湖北省文化产业示范基地”授牌。2014 年春，爱在昙华林系列活动成功举办，由文旅公司牵头，武昌武汉文化艺术跨界联谊性沙龙开始活动，艺术节在筹备中。

二、保护发展实践的不断深化

（一）统一规划、改造催化、自发成长。

第一阶段与国内众多历史街区保护同步。20 世纪 90 年代房地产兴起、政府主导、开发商主体的模式在全国铺开，大量历史街区被当作“危旧房”成片拆除。同时，国家颁布《历史文化街区保护规定》，和部分历史名城对历史街区的保护性改造（天津意式风情街，1998；上海新于地，1999；成都宽窄巷，2003）相吻合。

不同的是，新天地、意式街和宽窄巷都是同类历史建筑紧凑集中，便于由一个主体实施改造。而改造的结果是将原住居民迁出，街区统一规划、统一设计、统一立面之后引进新商业业态。而昙华林由于街道长、街区广、历史建筑散落其间，加上黄鹤楼对于武昌古城限高等原因，整个街区由一个主体实施拆迁改造几无可能（尽管有“1500 亿打造”之议），便留下了“政府规划森林，民间生长树木”的可能。文物建筑得以修复、基础设施得以更新、民间创意力量得以成长（如大水的店、古街邮局、徐刀刀等）。

第二阶段与各地发展文化产业同步。也是按照成立运营公司、腾挪产业空间、引进知名艺术家的方式发展文化创意产业。（深圳观澜版画村，2007）。第三阶段，看似各地通行的方式，如成立文旅公司、举行双年展、申报省级文化园区，但从主体到理念都发生了本质的变化：历史名街保护突破了单纯的产业思维（与当地中小学校本教育结合）；名街保护超越单纯的政府行为（长江人艺发起盖章行动）；满足市民不同层次的需求（加装座椅、添置“马槽”等怀旧景观）；街区整治和管理中引入公众参与（停车整治）；与武昌武汉各种艺术门类人士机构特别是民间机构开展广泛交流。

（二）从文化园区到城市文化

武昌文旅公司一方面在经营昙华林艺术村，如物业管理、环境整治、景观设置，另一方面随着昙华林的发展而将自己的视野投向武昌区更广阔的空间。从一个项目的管理运营到整个城市的文化大发展，因为在昙华林这个“place”的后面，是武昌、大学城这个“space”。

2014 年春，文旅公司组织区内文化艺术机构的跨界交流，许多同城的艺术家由此相识。大家相互交流了各自的工作，对于发展文化事业提出非常有价值的建议，并形成了长期的联谊活动机制。

体制内有实力，体制外有活力；政府有意愿，民间有需求；“条条”控制资源，“块块”整合资源；大学生走进“审美第二课堂”，昙华林个性愈发鲜明。以昙华林为纽带联系起来的不同门类艺术家，将成为高教审美教育的一支援军，在帮助教育改革的同时，将自身的发展引上更为宽广的道路。

（三）从园区管理到社区共治

文旅公司与粮道街办事处紧密联动，开始从艺术区的管理转到整个社区的共治。一个有生命的、全息的、真实的城市文化街区正在发育成长之中。这个街区不是一个“项目”，更不是“新天地”、“楚河汉街”、“汉阳造”那样的有一个主体运营的商业项目，而是一个拥有厚重历史，重新焕发新生的城市组团。是一个社区、一个社会。

三、昙华林引发的思考

（一）敬畏：历史街区是复杂的有机体

简·雅各布斯把事物分为“简单的无机体”、“复杂的无机体”和“复杂的有机体”。城市，特别是像武昌这样的历史文化古城，无疑是复杂的有机体。单纯以“历史街区”、“文化产业”为名的关照都是管中窥豹。这样的有机体，其成长自有其基因，“特色”是基因的，需要我们倾听、领会、感受，人们能否凭着有限知识做出一个“特色”的判断、然后将这个特色“打造”出来呢？打通云架桥路，政府对铺地石材的纹理方向都格外小心，生怕简单决策造成遗憾。充分表达了当下地方政府的敬畏之心。

（二）慎重：保护复兴是一项系统工程

作为中国大城市核心区中为数不多的历史风貌尚存的街区，昙华林拥有极其丰富的文化层，全面涉及各种法律政策体制问题，对于我们认识城市、认识文化具有百科全书式的价值。

对待昙华林这样的街区，单纯以“保护”、“改造”、“更新”的手段都嫌片面，一定是一项融保护与复兴为一体的系统工程。这项系统工程内部涉及：空间、社会、业态；外部涉及：整个武昌、武汉的文化事业、文化产业、消费群体、产业群体。大城市核心区的衰落与复兴、产权国有与历史文脉的承续、文化区与居民区的共存、街区文化与城市文化的呼应、文化产业与文化事业的互补，所有这些关系如果在历史文化街区的保护复兴中得不到回答，那么保护和复兴能否实现呢？

因此，武昌区对于将昙华林作为一个“旧城改造项目”外科手术式的做法，非常慎重。例如斥资多少亿元打造一个什么街区这样的想法，已有不少，但武昌区皆按兵不动。

（三）智慧：政府在文化发展中的职责

非常令人欣慰的是，武昌区政府对于历史街区保护发展持敬畏与谨慎态度（如汪泽故居修缮后的反思）；不断地调整昙华林保护与发展的主体、不断地调查研究、不断地调整定位，并且以开放的姿态招善智，倾听与考察其他城市的实践。

引进什么功能（餐饮、酒店、音乐酒吧）？这些功能进来之后会不会影响到昙华林的调性？引进什么样的艺术家和艺术机构？政府在文化产业发展中应该扮演怎样的角色？如何提高市民审美水平，特别是辖区内百万大学生的审美水平？“块块”如何激活“条条”内的人力资源、盘活体制造成的闲置空间？昙华林以其丰富性、复杂性提示我们对于城市认识的有限，倒逼政府城市管理职能的完善、倒逼从“管理”到“治理”的转型。

四、小结

昙华林历史街区与全国众多同类街区一样，源自民间发起的文物保护情怀，始于政府的规划和基础设施改造，继之以文化产业的园区建设。所幸的是，昙华林街区范围广、武昌区政府对历史街区抱持敬畏与谨慎态度，使民间艺术力量得以自发成长、文化业态与原住居民相安共处。武昌区政府的专职机构与基层组织以保护复兴昙华林为契机，与城市中官方与民间各文化艺术机构、与武昌大学城内各高校、与辖区居民开展多层次互动，开始了一个真实的、永续的城市文化与社会的建设，一个历史文化名城的保护和复兴。

专家点评

韩林飞：昙华林可以让后人看到中国文化的传承

北京交通大学建筑与艺术系术委员会主任、教授，
北京都市筑景设计研究院院长、中国国际城市化发展战略研究委员会委员

我非常高兴地看到中国有这样的街区出现。1998 年回国的时候，我做的第一个项目就是南宁的历史街区。如果按照当初的思路做下来可能会更好一些。因为当地政府比较急功近利，老百姓也需要迅速取得回报，我们的意图没有完整执行，效果不甚理想。历史街区大都在城市中心区，商业价值和关注度都非常高，

最后的结果往往就是仅关注其经济效益，而忽视了历史价值和城市文脉的传承。现在，在一个城市中，特别是一些小城市，历史文化的东西还留下多少？

从 1998 年回国到现在，大概 10 多年的时间，我们研究院做了 70 多个农村村庄改造。我们调研的结果是，1949 年留下来的房子不到 1%。不要说明清的了，民国的房子都很少。能挖到一些地基，把它保留下来，非常困难。因为地方政府会说，这块地可以盖房子，为什么要把这个地基留下来？其实，哪怕把老房子的格局摆出来，给后人看一看当时人们的生活场景，这种保护和传承也是文化传承的重要方面。如果都是新的、现代化的建筑，没有历史的和自身文化传统延续下来的建筑遗产的展现，我们今后会非常愧对这个民族，愧对于我们的文化。就像欧洲世界历史研究观点普遍认为的，中国只有不到三千年的历史。我们的考古发现，没有真正有实物价值的东西可以证实我们有五千年的历史。昙华林历史街区的保护会让后人看到我们的历史是传承的，是有实物价值的。这就是我们最大的感叹。希望在各地开发过程中，在快速城市化过程中，能把一点点哪怕是一个墙头、一个地基作为实物展示给后人。

许启彤：昙华林是经典的行为艺术

武汉市武昌区副区长

我谈谈我的两个感受。第一，我们基层政府对昙华林历史街区这么多年的辛苦与煎熬得出的成果，终于得到了中国城市化国际峰会的认可，让我们深感欣慰。第二，我们也有些紧张。因为地方政府在面对历史街区的时候，通常只有两种选择，要么大拆大建，拆了以后建新城；要么坐视不管，让其自生自灭。我们现在做出第三种选择非常艰难。

关于昙华林，我花几分钟时间介绍一下它的背景。武汉在历史上是一座受到尊重的城市，从孙中山时代就开始对武汉进行规划，到 1890 年之后延续的 18 年，一共是 30 多年的辉煌时期，形成了直追沪上的地位。每个城市都有历史街区，武汉也不止一个历史街区。当时张之洞的思想和实践让武汉赢得了尊重。他的思想主要体现在昙华林。在当年那个时代，西方文明挑战本土文明的时候，昙华林实现了中华文化向西方文化的应战，这里的人可以做到中学为主，西学为用。西方传教士给我们带来医疗、文化和学术，但本土人在这种文化的辐射下有思想的诞生。

我还有三点具体的体会。第一，昙华林跟别的历史街区为什么不一样，我用我报告时的感受来回答。我一到会，主持人介绍嘉宾的时候，张幼云老师听说武昌区来了一个副区长，要介绍昙华林。她马上站起来说，你是武昌区的，要介绍昙华林，我就出生在昙华林，我在那儿成长、上学，我的学校是二十五中，非常优美的一所学校。因此，她马上给我留下电话，向我咨询了情况。这说明昙华林不一样的地方是因为这里能够看得见山水，留得住乡愁。如果张幼云老师给我一个拥抱的话，我一定把它带回昙华林。事实上，我们在武汉大街行走的时候，可能会看到一些知名的综合体，有奢侈品店，有外来品牌。对于年轻人来说，它是一个傲慢的贵族，跟自己没一点关系。昙华林虽然不是热情大方的，但它是有素养的知识女性，能交朋友。因此，我们走在昙华林的时候，我们觉得它可触碰，很温暖，这就是武汉需要的。武汉需要昙华林，昙华林更需要武汉。

第二，我们是在实践过程中用昙华林教育了武昌区，不是武昌区打造了昙华林。因此，我们在这个过程中认识到城市化，尤其是历史街区的建设，它不是拆建，而是非常复杂的有机体。我对昙华林的评价是，它没有纠结于历史，更没有屈从于现在，它以自己特有的方式向前发展。因此，我觉得我们要敬畏城市、敬畏历史，向它们学习。在学习和敬畏的过程中，让它变得越来越好，因此，昙华林是我的老师。

第三，我们武昌区委托中国（深圳）综合开发研究院帮我们做文化研究的课题，我一直跟李津逵老师强调，作为政府，需要一条出路。这条出路是什么？学者们更应该有现实的担当，我们现在已经有了突破，开始从现实层面策划一件事情。武汉有全世界在校大学生人数最多的大学城，这部分群体是昙华林最主要的客人，他们很喜欢这里。比如华中师范大学，他们的老校长是历史学家。现在，昙华林有6座破败的老建筑，我跟他们谈了多次，他们不理不睬。现在他们的学生提笔作枪，给校长写信，如果再不理不睬，就要开始新一轮的辛亥革命起义了。所以我们要让昙华林和大学生联为一体，有可能让他们毕业以后留下来，或者是让他们走出去后通过昙华林记住武汉，给武汉做贡献。

回过头来说，我不认为今天获得典型案例的表彰是一个结果，而是我们跟大家一起为了一个共同的理想走出了一条路。昙华林是一个经典案例，昙华林是一个经典的行为艺术，我真诚地邀请大家到昙华林作客，让我们把这个行为艺术进行到底！

（刊载于《城市化》杂志2014年第4期）

广东省中山“健康花城”“文化 + 党建”引领社会创新

莫　凡　深圳市宇宏投资集团有限公司总裁

近二十年来，中国城市化的迅猛发展根本性地重塑了中国城市面貌与空间格局，也彻底解构了原本依附在传统城市空间中的社会关系网络。由现代物业公司管理的城市商品房小区，逐渐代替传统行政区域划分的、由居委会管理的社区，成为城市社会管理的基本单位。

在这一进程中，中国快速城市化所导致的经济快速发展与政治、社会、文化的相对缺失所导致的社会问题日益突出，城市居住小区片面追求经济效益而忽视政治、社会建设的现象也非常普遍，如何从深层结构稳定城市社会关系，从城市居住小区层面进行基础社会建设，成为城市化进程中社会建设的新课题。

中山宇宏·健康花城小区是由宇宏集团在中山火炬开发区开发的商品房居住小区，从 2008 年开始进行小区文化建设，并成立由业主担任党支部书记的居民区党支部，依托小区党支部开展小区文化建设，开创的“党建 + 文化”小区建设模式推动了中国城市基础社区建设的创新。

2010 年 11 月 14 日，时任中宣部部长的刘云山同志亲临该小区调研，寄语小区业主：“老百姓的生活好了，不仅要过得好，而且要过得丰富多彩，有内容。”高度肯定小区的社会建设模式。

一、社会建设 文化先行

宇宏·健康花城小区现有业主近 4000 户，入住人数 10000 余人。居民以 35 岁左右来自全国各地的外来“新中山人”为主。为了能让不同地域、不同习俗的外来人口和睦相处，开发商中山宇宏于2008年伊始，开始着手以“文化”为主线进行社区建设，以“文化”达成共融。7年来，中山宇宏将文化建设梯度推进，从规划年、定位年，到升级年、优化年、推广年，每个年度目标既自成体系，又相互影响。

（一）以文化节和新年大联欢为舞台，展示业主风采

2008年7月23日，以“活力健康，情满花城”为主题的健康花城首届文化节开幕，标志着健康花城以文化节为大舞台，全面进行社区文化建设的开始。自此，每年的文化节和新春业主大联欢，便成为业主的固定舞台。文化节以业主为主角，每年有不同的主题，内容丰富，形式多样。有才艺大赛、诗歌朗诵比赛、绘画比赛，还有乒乓球、羽毛球等体育类竞赛，全方位展示业主特长和才艺。迎新春业主大联欢通过海选PK，从业主的原创节目中选出最优秀作品参加演出，打造“花城春晚”。

（二）以文化场地设施为基础，丰富业主生活

在开发之初，健康花城小区便预留了大量户外广场、架空层等公共空间，并专门建设了近3000平方米的会所。后期在开发建设中，根据居民的反馈和实际需要，又改造和增添了许多场地和设施，为居民提供了活动交流场所，极大地丰富了业主的精神生活。

(1) 公共空间类：现有各类户外活动场地20000多平方米，包括10000多平方米的喷泉广场、4000多平方米的中心广场、约8000平方米的各组团广场、5000多平方米的架空层活动空间。

(2)文化活动类：现有各类文化活动场所10余处，包括藏书5000册的图书馆、书画室、文化活动室、中老年活动中心、“亲亲家园”儿童活动中心、人口文化园及人口文化室、摄影研究室、党群活动室、妇女之家谈心室、健康花城大舞台等。

（3）运动健身类：现有各类运动健身场地约 5000 平方米，包括 150 平方米的乒乓球馆、600 平方米的羽毛球馆、600 平方米的室内泳池、100 多平方米的健身房、300 平方米的篮球场及各组团运动健身场地合计约 3000 平方米；健身器械 200 余件，分布在沿江健身长廊和各组团健身场地。

（三）以文化组织为依托，开展多彩文化活动

文化要形成常态，必须要通过骨干来带动。为此，小区成立了各类文化团体组织近 20 个，包括木兰小分队、中老年舞蹈队、太极队、腰鼓队、合唱队、瑜伽队、摄影协会、诗歌协会、书画协会、小交警、小记者学会等文化团体，以及羽毛球队、足球队、乒乓球队、篮球队、象棋协会等体育团体。每个团体都有个带头人，通过他们的带动，每个团体定期开展活动，让小区文化走上了良性的常态轨道。

依托于这些组织，针对不同的群体，小区每年开展丰富多彩的文化活动上百场，包括中老年春游团踏青活动、业主才艺大赛、“让爱从心出发”少儿书法、绘画比赛，“爱生活，爱家”诗歌朗诵大赛，“三代同堂关爱总动员”业主百家福摄影活动，家庭趣味运动会、健康宝宝爬行比赛、幼儿趣味运动会等等。

（四）以文化产品为载体，诠释小区文化内涵

小区每月编辑出版属于业主自己的刊物《健康花城通讯》和《宇宏客》健康花城专版，记录发生在小区的点点滴滴，刊发业主的各类文章，成为小区业主互相沟通、与企业沟通的良好桥梁。

同时，小区每年还推出不同的文化产品，保持文化的传承。2008 年的首届文化节上，推出了《健康花城业主文明读本》；2009 年的文化节上推出由业主作词、作曲并演唱的健康花城社区之歌《花城处处充满爱》；2010 年的文化节上推出健康花城业主原创诗歌集《诗·家》及健康花城文化建设电视宣传片；2010 年的业主大联欢上启用了“健康花城大舞台”；2011 年的文化节上推出了《行走·视

觉摄影作品集》；2012 年的文化节上推出书法诗集《诗·书》；2013 年推出《健康花城居民幸福指数蓝皮书》等，将小区的文化内涵不断深化。

（五）整合社会资源，共建文化小区

1. 整合社会各方力量，共创共建文化小区文化建设

仅靠小区自身的力量，具有很大的局限性。只有吸纳社会各界共同的力量，“百川入海”才能不断发展。小区先后与火炬开发区公安局签订警民共建和谐社区；请来文化名家为小区文化建设出谋划策，创建了中山市首个“诗意社区”；把校园文化引入健康花城，与开发区第一小学携手共建“书香社区”；与中山市公安局交警支队携手共建“中山市交通安全教育文明示范社区”、“交通管理综合服务站”；与中山日报携手“共建文化社区”，并与其小记者学会共同成立“中山小记者学会创作培训基地”及“中山小记者学会健康花城记者站”；与火炬歌舞团共建文化社区；与《中国作家》杂志社联手共建党支部。

2. 与妇联共建儿童友好社区

（1）重抓青少年传统文化教育。小区被中山市火炬开发区精神文明办授予了“中山火炬开发区青少年德育教育示范基地”，成立了“健康花城青少年传统文化学习中心”，举办了一系列青少年传统文化学习活动，如小区内遍布的“仁、义、礼、智、信”传统文化石刻，在河堤旁制作的刻有唐诗宋词便于少儿吟诵的“诗堤”，以及《弟子规》、《三字经》等传统文化经典诵读活动及“孝亲颂”国学堂讲座等。

（2）启动学子关爱计划。小区向每个花城学子赠送特制的花城书包，并设立花城学子候车专区，安排专人管理；晚上 9 点以后，对独自在外的学子予以特别关注；在小区开展“希望之星”评比表彰活动。

（3）关注儿童成长。小区辟出专门的场地，开设了适合 0—3 岁幼儿玩乐的室内活动场地“亲亲家园”儿童活动室，并引入专业早教机构，为小区 0—3 岁幼儿和家长开展早期教育普及；联合妇联，引入社工组织，开设了“4 点半课堂”，

为下午 4 点半放学的孩子们提供作业辅导，并开展讲故事等各种兴趣小组活动；组织了多场“儿童权利与保护”主题学习和培训活动，按照儿童的高度，设立了儿童信箱，并设立了专门应对儿童家庭暴力的维权咨询热线。

3. 与体育局共同推动全民健身行动

2012 年，小区与市体育局联合启动全民健身行动，引进健身器材 200 余件，遍布小区多个角落，让“运动就在家门口”，并印发了《健康花城居民健身读本》，引导居民找到适合自己的健身方式，科学锻炼。

小区还与中山市宣传部、《中国作家》杂志共同创建“中国作家中山创作基地”，艾克拜尔·米吉提、葛水平、杨匡满、王兴东、马福林等近 20 名作家和电影编导入住小区并与业主互动，给业主创造了与作家近距离交流的平台，也进一步提升了小区的文化底蕴。

（六）文化群体 多方引进

为给文化建设奠定人才基础和文化氛围，小区通过提供“园丁关怀计划”、“有为青年置业计划”等优惠政策，吸引众多高素质文化人才进驻健康花城。截至目前，仅教师住户就达 200 余户。同时，对具有文化艺术特征的行业进驻小区，在商铺租赁上给予相关的优惠政策。这样，大批文化人才、文化产业呈磁场式汇聚到小区，充分发挥文化人才的辐射带动作用，形成“文化人住文化社区”的格局。

（七）诗意生活 和谐家园

2009 年，中山市委常委、宣传部部长，现中山市政协主席丘树宏同志亲自为健康花城小区“诗意社区”揭牌，成为中山市首家“诗意社区”。围绕“诗意社区”的主题，健康花城每年举办诗歌朗诵大赛，每月的《健康花城通讯》上都有“赛诗台”专栏刊登业主的精彩诗篇；举办“健康花城之歌”歌词征集活动及原创作品大赛；举办“我心中的花城”主题征文活动，举办诗友会活动和诗歌讲座；编印业主原创诗集。2011 年 7 月，又在沿江堤畔建起了“诗堤”。

（八）系统开展全民修身行动

1. 成立各种修身队伍

小区相继成立了文化义工队、学雷锋志愿服务队、文艺志愿者队、党员义工队等小区公益组织，带领业主开展各种全民修身行动。

2. 成立中山市首个社区修身学院

投入巨资建设特色“修身学堂”，由业主代表及有关专家组成讲师团，每两周开展一堂修身讲座。

3. 每年开展不同主题的全民学雷锋活动

2012 年 3 月，小区启动“学雷锋，齐修身，做好人”全民学雷锋年度活动，向全体居民发出《学习雷锋友爱互助精神，全民修身共建和美家园倡议书》，并印发《学雷锋志愿服务记录本》，向学子赠送《雷锋故事》，开设“雷锋事迹图片展”；开展心理咨询、清洗家电等便民服务进社区活动，并于 2012 年底开展了“十大花城好人”年度评选。自此，小区每年不同主题的全民学雷锋活动成为常态。

4.“睦邻友好，守望相助”特色修身

近年来，健康花城在小区启动以“同修邻里亲”为主题的全民修身特色项目，积极构建“以德为邻、以情睦邻、以诚助邻”的邻里关系。

（1）启动“党员义工进楼栋”服务，实施楼栋责任承包制。小区党员义工队率先行动，创新提出“党务就是服务，有困难就找我”的口号，给党员义工划好“责任田”，实行“楼栋责任承包制”。首批 10 名党员义工分别与小区里 10 个楼栋进行责任挂钩，党员义工的信息在各楼栋单元门口公示，每个党员义工都佩有“党员义工服务证”，并不定时前往每家每户拜访，了解居民的具体需求，以提供针对性的服务；每个党员义工有一本党员义工进楼栋工作记录本，对开展的各种服务活动进行记录；每个党员在拜访业主时派发印有联系电话的“党员义工服务联系卡”，方便业主有困难时联系。

（2）推出“健康花城邻里联系卡”，加强邻里联系。小区向业主派发“健康花城邻里联系卡”2000张，号召居民走出家门认识左邻右里，通过在“邻里互助卡”上登记左邻右里的电话，加强邻里之间的沟通与交流，真正体会到“以邻为伴”、“远亲不如近邻”的意义。

（3）鼓励业主结对互助。小区还鼓励居民们根据各自生活习惯、兴趣爱好、亲缘关系等，自愿组建结对互助组，在生活中互相帮助照顾。

（4）开展系列邻里活动。包括“花城好邻居”评比活动、“我有话对邻居讲”业主论坛、邻里金秋一日游、邻里文化展、“致邻居”原创诗歌朗诵比赛、邻里才艺大赛、“花城邻里亲”摄影大赛、邻里拖拉机大赛、邻里趣味运动会、全民健身邻里拔河大赛、“邻里三人行”3V3篮球赛等，并在小区刊物开辟“夸夸我的好邻居”等邻里专版。

二、创新党建新模式，成立全省首个居民区党支部

为让小区多年过不上组织生活的外来党员过上组织生活，同时，为小区文化建设找到领头人，2010年6月22日，健康花城成立小区党支部，成为全省第一个以小区命名，由业主担任支部书记的基层党组织——居民区党支部。健康花城党支部成立以来，带领小区各团体组织开展各项活动，积极发挥党员先锋带头作用，成为小区文化建设的领头人。除每年开展党员专题活动外，还大力发展新党员。短短几年，就成为中山市和开发区两级两新组织党建示范点，党教片“健康花城党旗飘”在中山市“一创双争”会上夺得一等奖，《广东党建》杂志以“健康花城里有浓浓的党味—社区党建模式的中山创新”，在全省重点推广健康花城社区党建模式。

健康花城党支部成员共有40余人，包括业主、物业管理和发展商。这种党

员构成比例，是小区党建成功的基础，通过这三者之间的对接，让党支部有了更多的实务和能力。党支部除了组织领导文化建设之外，还起到业委会的作用。

三、"文化 + 党建"社会建设模式初见成效

收获荣誉：经过多年的文化建设，健康花城成为中山市文化小区的楷模，在全市声名鹊起，先后获得广东省物业管理示范住宅小区、全民健身活动示范点、儿童友好示范社区，中山市文化小区示范点、和美小区、文明平安小区、诗意社区、对外宣传基地等荣誉。

领导关注：健康花城的创新社会建设，得到中央、省、市各级领导的高度关注，时任中宣部部长刘云山、中央文明办调研组组长杨新贵、国家新闻总署发展司副司长张亮，公安部交管局副局长刘世民、广东省委宣传部部长庹震，曾前往小区调研。社会影响：中央及省市媒体和社会各界也高度关注该小区的社会建设，全国各地新闻记者逾千人前来小区采访。南方都市报、南方日报、人民网、新浪网等全国媒体聚焦健康花城小区，各类大篇幅报道上千篇。

产业效益：业主们也对小区好评如潮，他们口碑相传，一传十，十传百，号召自己的亲戚朋友在小区置业。带动了小区商品房的销售，降低了中山宇宏在广告方面的投入，推动了产业的发展。

居民幸福指数提高：经过多年的文化建设，健康花城小区邻里和睦，实现了政府、物业、业主三方的和谐相融。2013 年 8 月，广东省社会科学院中山分院对健康花城小区进行了一次居民幸福指数抽样调查。调查表明，健康花城小区居民幸福指数平均得分为 83.2 分，高于同类小区。

四、健康花城的借鉴意义

健康花城的成功也引起了很多专家学者前来调研。清华大学建筑学院副教授周榕表示：健康花城是为数不多的社区文化建设典范，可以作为打造和谐社会、

幸福城市的微缩样板，从而来分析“在政府从管理型向服务型转型过程中，城市公共资源与公共服务的系统服务尚属发展空白。服务型政府所提供的城市公共服务理应从最底层的社区级公共开始，至少，应当通过资源置换的转移支付形式来实现城市的微公共福利空间系统。作为社会的微小单元，良性社区生态结构的示范效应和传播效应，有助于营造良好城市社会生态，政府应在这方面发挥强有力的导向作用”。

专家点评

金德钧：“健康花城”案例体现了企业的社会责任感

原建设部总工程师、中国国际城市化发展战略研究委员会主任

我到过“健康花城”学习，感受很深。第一，这是一个非常有社会责任感的企业，搞文化建设，投入不求回报。一个企业发展到一定程度，已经跟社会紧密相连，能够为社会提供优质产品和优质服务的企业才是最有影响力的企业。第二，他们抓文化抓得很好。文化具有包容性和融合性，大家在一起时间长了，关系自然亲近，不像我们现在的一些小区，做了几年邻居，还不知道对面住的是谁。健康花城把住在这里的人们聚集在一起，形成非常和谐的关系。第三，这里党建做得很好，这个模式是可以复制的。

翟宝辉：“健康花城”案例反映社会文明

住房和城乡建设部政策研究中心城乡规划处处长、博士，

中国国际城市化发展战略研究委员会委员

我认为，文化和文明是有区别的。文化有形，文明是对别人的关照。当人在

文化过程中体会到的东西形成自己习惯的时候，他的文明水平就会提高。先有文化，才能缔造小区的文明，然后才有我们国家的文明。我们总说要复兴伟大的中国梦，不管是城市梦，还是美丽乡村梦，它的魂还是文明。我相信“健康花城”的模式会走得很远。我们期待着。

（刊载于《城市化》杂志 2014 年第 4 期）

“重庆映像”：历史建筑异地拼贴式保护利用

廖屿荻　重庆大学建筑城规学院
山地城镇建设与新技术教育部重点实验室
李津逵　中国（深圳）综合开发研究院

一、江北城变迁中的历史钩沉

嘉陵江与长江在重庆的汇流后奔腾北上，在这个将近90度的拐弯处形成了一个美丽的“眠弓”，这是重庆的江北嘴，古人在这依山面水的地方建造了一座江北城。如今的江北嘴是一座新崛起的商业CBD中心，在这里可以看到现代玻璃幕墙钢结构的大厦，可以看到各种各样的银行、证券公司，可以看到歌剧院等现代派的公共建筑。整个城区是一派汽车时代的城市肌理，宽阔的干道、大尺度的街区。

2002年7月26日，重庆市人大常委会通过了《加快江北城规划建设提案》。有着2000多年历史的江北城面临全面改造。那时候，这里还有老城墙、老房子、老树、老井、老街、老巷。很快，2003年9月20日《重庆晚报》发表了一篇文章，表达了人们对江北城的建设状况的忧虑：“近日，市文物局与市规划局联合组成专家组，考察了江北城旧城改造片区的文物古建筑保护情况。结果是所到之处满目疮痍，许多具有重要价值的古建筑已被拆毁。”这篇文章引起了各界人士对于古建筑保护的呼吁。重庆市文物局吴涛说，“江北城拥有众多古建筑，在重庆文物界享有‘记忆之城’的美誉”。重庆大学建筑城规学院教授张兴国说：“这些古建筑能够不动的尽量不动，不要再闹拆真古董，修假古董的笑话了。”重庆市文物考古所林必忠说，“我们将介入地下文物保护工作，抢救江北城地下文物遗产……”

听说江北城要全面改造，在这里居住多年的市民也表达了自己的看法和愿望，

“江北嘴改造将让世界多了一个叫CBD的地方，但是对我们这些人来说，我们失去的是家。”他们说，“能不能为我们留下一公里甚至半公里的老城，让熟悉的灯光照亮我们想家的眼睛。”

这些呼吁引起了重庆市委市政府领导的重视，时任重庆市委书记的黄镇东亲自批示：“对具有文物价值的要严格保护，并纳入规划，统筹考虑；对已拆文物要请专家鉴定后再处理；对要拆迁的文物点，要先鉴定再处理。”

2003年12月重庆市文化局下发了一份文件。文件明确表示，江北城内市级文物保护单位1处、区级文物保护单位5处。显然，如果进一步深入调研、鉴定显然需要大量的人力、物力和财力，新江北城的建设却不可能停下脚步，这意味着有着2000多年历史的江北城中大量优秀的历史建筑，在即将到来的推土机面前是没有任何法规来保护的。那时的重庆江北城再次上演着19世纪奥斯曼时期巴黎改造前夜的一幕。

对于众多上百年的老巷子、老院落、老房子怎么办呢？重庆市文化局最终提出建议，对于市区两级文物保护单位以外的17处建筑异地重建。

二、金阳公司的抉择

重庆日报文章同样引起了重庆一家民营企业的关注。金阳公司是一家致力于弘扬本土文化的房地产开发企业，在主业经营之余赞助了众多本土文化活动：2003年8月1日，他们开展了“骑龙·巴渝风”的巴渝文化寻根之旅，公司员工前往千年古镇龚滩，感受巴渝建筑，并且邀请龚滩的乡亲来重庆观光；这家企业曾经支持过《金子》、《李亚仙》等川剧经典的创作演出；还开展过“巴渝民间风情文化艺术节”“巴渝传统婚礼”“巴渝新十二景评选”等群众性文化活动。在公司开发的“骑龙·巴渝风”项目中，他们也努力营造具有本地建筑风格的小品和公共空间。

“资金缺口和时间差造成了政府协调的巨大困难”，金阳公司在对此事跟进的过程中敏锐地意识到了问题的关键所在。在重庆市文化局下发文件之前的两个月，也就是 2003 年 10 月 13 日，金阳地产公司独立出资聘请专家调研考察，决定以最快的速度将江北城 17 处老建筑原貌搬迁。他们决心“不能让我们的子孙仅仅从教科书或照片来了解城市的历史”。他们要把在江北城中间抢救出的这 17 处优秀历史建筑，搬过长江、搬过嘉陵江，搬到重庆南岸来。市文化局的文件事实上是对金阳公司自发行动的追认。

当推土机轰轰进入江北嘴开始拆除时，金阳公司的老总和高管放下手上的工作来到重庆市文化局、重庆市文物局、重庆大学等相关部门，三顾茅庐，聘请相关关专家组成专家团队。通过积极有效的推动，很快在拆迁中的江北城里精选出 17 座具有典型艺术风格的建筑，决定出资对其加以异地保护。所选建筑包括江北公园大门、老戏台、刘家院子、文昌宫、洋房子、织布厂、银行职员宿舍等 17 座优秀历史建筑，涵盖中西不同建筑风格。

三、历史建筑异地拼贴式保护

（一）测绘之难和搬运之急

首先要做完整的测绘。金阳公司请来重庆大学建筑城规学院的师生开展测绘。一方面，测绘地点分散，给测绘管理带来很大困难，人员调动，工具使用等都需要周密安排；另一方面，这些建筑在上百年的使用中都不同程度地经历了改建和加建，要一一加以识别，也给测绘制图加大了难度；历史遗留下来的特殊构造技术作法也要花费大量时间认真理解消化。

历史建筑的拆卸是一件精细的技术活，而江北嘴的改造迫在眉睫，金阳公司要抢在推土机之前将测绘后的建筑部件先编号再拆卸，时间非常紧迫。另外公司还要同时提供足够的场地，将这些老砖老瓦、老木料老石头分栋按编号堆放。

（二）设计之惑

异地拼贴式重建需要再设计，新中国成立以来除了阮仪三先生曾对张掖的古建筑提出过拼贴式保护的设想外，国内似乎还没有先行的案例可以借鉴。金阳公司再次请来“重庆市历史文化名城专家委员会”的专家顾问，涉及文物保护、城市建设、古建筑研究、美学评论、规划设计各领域。最大的质疑就是，这些不同时代、不同风格、原处于不同地点的建筑能否协调一处？大多数专家认为，这样做无异于“关公战秦琼”，题材本身有误。力排众议，这一“历史建筑拼贴式异地保护”的方案由原重庆大学建筑城规学院院长张兴国教授带领的团队主笔，几易其稿，最终完成了这项开创性的设计。这 17 座建筑整合一处，成为骑龙山庄配套商业的一条步行街区。这一设计的重要贡献在于有效解决了城市设计尺度上城市及历史建筑空间的连续性和历史建筑异地拼贴式保护设计中建筑形态的协调性两大难题。

（三）活化再生之艰

再生需要功能置换。这些优选出的建筑原以民居为主，如何赋予它们新功能，满足未来的使用？未来这些建筑的功能一定是开放、自由、活跃、可观、可感、可参与的场所，诸如餐厅、茶楼、咖啡吧、夜总会等具有消费、娱乐功能的商业空间。这就要在功能、材料、设备、空间等等方面满足现代生活的使用要求。2004 年，金阳公司经过苦苦酝酿，反复推敲决定将这条步行街命名为“重庆映像”。

活化需要能源和动力。如果以人体做比喻，建筑的结构其实只是“躯壳”，给排水、强弱电系统、空气调节系统是现代建筑的“血液循环系统”和“神经系统”，没有这些现代设施，老建筑就不可能在现代化的今天重新散发出历史文化的光辉。“重庆映像”正是在项目初期就意识到了运营中会面临的根本问题，才使得这些历史建筑真正获得了新生。

四、“重庆映像”项目的宝贵尝试

“重庆映像”是在一场突发局面下，由企业自主开展的优秀历史建筑保护行动，并且事实上成为我国率先成功开展的优秀历史建筑异地拼贴式重建和利用的案例，金阳公司与重庆大学师生在这个过程中遇到的困难，开展的探索都是弥足珍贵的。

（一）选用新材料

历史建筑拆卸下来的木构件大多年代久远无法使用，且木材强度低、易燃。由于是从推土机下抢出来的老建筑，没有受到文物保护规则的严格限制，反而给选材留出了空间。采用钢筋混凝土作支撑材料克服了木构材料的诸多缺点，同时也使室内承重结构减少，室内空间更加灵活。混凝土耐火性能也提高了建筑使用中的安全系数。

（二）调整内部空间

改造内部空间满足现代需求是历史建筑融于现代生活的重要途径。以刘家院子为例，“刘家院子”是 20 世纪 30 年代砖混两层三合院，首层的层高 4.15 米，开阔气派。但是二层因坡屋面，两边矮中间低，楼梯间只有 1.5 米，难于利用。

设计中对空间进行了“取长补短”——将楼板相应降低，使两层空间都舒适，充分发挥商业效应。如今“刘家院子”的二层已经成为一个非常舒适的休闲空间。

（三）修砌工艺

以文化馆建筑为例，其墙面采用空斗眠墙的砌筑工艺，在重建中加以复原，延续原有时代砌筑工艺的同时，原汁原味地保持了建筑风格。

（四）现代设备安装

正如前述，老建筑只是一个纯粹的建造工程，最多涉及通风、采光。现代建筑需要配电、通风、供暖、给水排水、消防等多种复合因素。但是现代设备挂在老建筑的墙上颇煞风景，设计者尽量为空调外机安置了妥善的位置，让各种现代设备藏匿其下。

（五）增加结构层转换层

商业步行街上部的历史建筑柱网细密，商业街下面是沃尔玛，则要求柱网密度不能过大。结构设计师添加了结构转换层，以巨大的钢混梁承上启下，同时设置建筑群管网设施。

（六）夜景照明

拼接之后的街区，夜景照明手法也与普通建筑相比有自身的特殊性。例如，原来织布厂的拱券很有特色，照明就突出了券柱，使得人们在很远的地方就能够清晰地看出；根据不同的部位，老戏台的屋顶采用泛光的照明，文昌巷 3 号采用了轮廓光的照明。这些不同的照明方式，强化了不同建筑的风格。

五、“重庆映像”的用后评估（POE）

（一）为优秀历史建筑异地拼贴保护提供了宝贵经验

“重庆映像”的案例得到有识之士的关注。世博会期间，联合国馆馆长拉斯博士在听说这个案例之后专门到访重庆考察，也有不少媒体人士提出这个案例是否具有推广的可能。但是金阳公司的负责人董事长刘达平却始终认为，重庆映像是在老江北城快速现代化进程中，对众多优秀建筑中极其有限的部分进行的异地拼贴式重建，这些建筑因脱离了原有的文化生态环境而中断了原有的生命过程，是不得已而为之的事情。这是站在社会历史发展角度的思考，值得本案例研究者们深思。但我们也看到，恰是由于项目的适时运作，历史建筑在异地得以重生。所以不可否认，单从项目行为本身而言，“重庆映像”事实上在优秀历史建筑异地拼贴式保护利用方面进行了系统的宝贵探索，也为文物建筑的活化提供了宝贵经验，其建筑价值将随着时间的推移越发显现。

（二）企业文化在国家文化建设中的社会责任担当

如果单从经济角度计算投资，“重庆映像”项目基本无利可图。重庆映像建筑面积 38420 平方米，项目测绘、搬迁、设计、复建、装修等总投资约 63137 万元。以专家测算，如果修建同等规模的现代型商业街，总投资仅需 25000 万元至 3 亿元，“重庆映像”的投资超过普通商业街的一倍。这样一项前所未有的系统性探索隐藏着不可预知的风险完全是由企业承担。项目历时近十年，克服重重困难，最终得以完成，这是对传统文化的热爱使然。优秀的企业文化在国家文化建设中的力量不容忽视。

（三）“重庆映象”得到各界认同

——“重庆映像”得到政府的认同

2009 年 6 月，“重庆映像”获“重庆市文化产业示范基地”的称号。

2009 年 12 月，重庆市人民政府公布“重庆映像”为 市“第二批文物保护单位”。

2010 年 8 月，重庆市规划局授予“重庆映像”为“建筑风貌示范案例”。

2015 年，“重庆映像”获评国家 AAA 级旅游景区。

——“重庆映像”得到市民的认同

项目周边的老重庆们很喜欢在“重庆映像”就餐，熟悉的环境中，他们很自然的打着赤膊吃火锅。原住江北城因拆迁而散落四处的老邻居重聚“重庆映像”感慨万端。一位江北区的领导干部说，“重庆映像”把江北的魂搬到了南岸。

（四）历史建筑在招商运营中尚需要不断调整

“重庆映像”最初的定位是高雅的餐饮和茶室。但是在运营中发现以当下的消费模式搞咖啡馆、西餐厅并不容易，相反上火锅店却很有市场，金阳公司在招商运营中不断调整，形成了现有的商业模式。“重庆映像”的底层经过多次调整后成为中国唯一一个在吊脚楼开设的沃尔玛，重庆映像二期工程 2016 年与成都中医药大学合办国医馆，拼贴历史街区中的老戏楼成为群众性的文化活动提供的公益舞台。至此，餐饮、百货、客栈、茶室、中医、群众性演艺活动为一体的历史街区形成了。这个过程既有企业的坚守，也有在市场的选择中不得不做的妥协。

项目设计师：张兴国　廖屿荻

建成时间：项目一期：2006 年 10 月

项目二期：2014 年 11 月

刊载于《城市化》杂志 2017 年第 8 期

四、产城融合发展

两区同建：德州推进城镇化的有益探索

陈先运　山东省德州市人民政府市长

2008年以来，山东省德州市按照中央关于城镇化建设的部署和山东省委省政府的具体要求，把农民居住社区建设和产业园区建设（概括为两区同建）作为推进城镇化的总抓手，大胆探索，创新实践，科学设计，有序推进，走出了一条欠发达地区城镇化发展的新路子，已初见成效，并呈现出生机勃勃的发展态势。

一、两区同建的内涵和意义

两区同建是指通过农村居住社区和产业园区同步建设，推动农民集中居住和农村经济集约发展，促进农民生活方式和生产方式“两个转变”，从而实现农村管理模式、农民生活方式和农业规模经营三大变革，加快推进全市城镇化建设进程，最终构建起城乡经济社会一体化格局。

两区同建是德州城镇化的创造性实践，是把宏伟目标、上级要求与实际行动有机结合的产物。其主要特征有三个：一是农民市民化，即：农村人口向社区集中，社区人口规模、密度不断增加，农民转变为市民。二是农村产业化，即：农业生产向园区集中，工业项目、农产品物流向产业园区安排，农村人口向非农产业转移，非农产业从业人员、产值比重不断增加。三是农村现代化，即：城市生活方式、现代文明、基础设施等向农村延伸，最终实现基本公共服务的一体化、均等化。两区同建是科学工作方法的具体体现。很多基层干部和农民群众认为城镇化是个抽象概念，觉得可望而不可即、无从着手。我们提出的两区同建，就是指导各级干部和广大农民群众知道城镇化是什么、干什么、怎么干。“镇”的含义就是人口集中居住，基础设施、公共服务配套逐步完善，有产业支撑、居民能就近就业。居住社区和产业园区建设的过程，就是城镇化推进的过程，两区同建任务完成了，城镇化就实现了。这样，引导各级干部和广大群众眼望大目标，脚踏实地干，一步一个脚印地向城镇化迈进。

二、推进两区同建的主要做法

我市的两区同建是一个探索实践、逐步深化完善的过程。主要做法体现为四点：

(1) 把合并村庄作为切入点。德州是一个传统农区，1.03 万平方公里的土地上散落着 8319 个村庄，平均每个村庄只有 524 人，比山东省村均人口少 271 人。村多村小，多数村缺乏能人，影响了农民致富和农村稳定。两区同建参与主体是农民，把分散的农村集中起来，把广大农民动员起来，需要强有力的基层组织领导力量。我们按照“保留自然村、合并行政村”的原则，从 2009 年大力度推进村庄合并。按照“凡合必选”的原则，大规模进行社区班子竞争选举，在更大空间挑选基层组织力量，将工作能力强、群众威信高的党员干部选入社区领导班子，实现了农村优质干部资源的集中使用，为两区同建提供了强有力的组织保障，也为大社区建设提供了群众基础。

(2) 把居住社区建设作为着力点。居住社区建设是两区同建的主要内容之一。我们根据城镇化的特点，在高层面上统筹实施。一是科学规划。抓住省国土资源部门对农村宅基地规划修编机遇，调整土地利用规划，编制城乡规划，使城乡每处建设用地都有科学明确的规划依据，每个建设项目都纳入规范细致的规划管理，市、县、乡、村四级规划协调一体，总体规划与专项规划衔接一致。二是合理选址。按照择中、形胜、人文、通达的选址要素，注重群众生产、生活半径，综合考虑各种因素，确定地理优势明显、人文色彩突出、路网水系通达的社区新址。三是精心设计。对户型款式的设计，坚持先进理念与群众认可相结合，既依托专业设计单位体现现代元素，又尊重群众意愿体现个性色彩。四是规模适中。根据门槛、腹地和成本效益理论，搞好社区规模测算，做到人口规模与产业容量、基础设施配套、公共服务设施相协调。五是注重特色。搞好社区定位、产业定位和建筑风格定位，无论是规划还是建筑造型、建设风格还是设计功能，都要有特点特色。目前，全市建成和在建农村居住社区340个，已入住农民15万户，我们争取再用10年时间基本完成农民居住改善任务。

（3）把园区建设作为支撑点。城镇靠产业支撑，产业靠城镇带动。社区建设与产业发展相互融合、密不可分，时间上同步演进，空间上产城一体，布局上功能分区，以“产”兴“城”，以“城”促“产”。我们根据各社区实际，坚持宜工则工、宜农则农，加快农村产业园区建设，通过农民生产方式的变化促进生活方式的变化，实现农产品就近加工、农民就近就业。工业园区重点发展劳动密集型企业，一方面解决企业用工难的问题，另一方面为因家庭负担不能外出务工的中年劳动力找到就业机会。例如在武城县英潮辣椒加工企业，50多岁的妇女为其摘辣椒，每天可收入50多元。我们把市二棉纺厂迁址到平原县王庙镇，企业招收了当地40岁上下的农民工1000多人。在农业园区方面，大力发展现代农业。一是加快土地流转，实现规模经营，发展设施农业，目前全市土地流转已达30万亩。二是加强农民转移就业培训，发展农村职业教育，开展农业生产技术培训，提高农民就业创业能力。三是完善社会化服务体系，发展农民专业合作组织，完善农业科技、信息、金融、保险服务和农产品疫病防控、质量监管体系，提升农业公共服务能力。目前，全市在建产业园区876个，68万农民在产业园区就近就业，收入水平是传统农业收入的5倍。

（4）把资金筹集作为关键点。资金是两区同建的第一要素，是解决一切问题的关键。一是靠政策性资金，将上级农村危房改造、土地整理、水利建设等政策性资金打包，用于社区和产业园区基础设施建设。二是靠城乡统筹。利用土地增减挂钩政策，将置换出的土地指标全市统筹，获取土地级差受益，专项用于社区建设。三是靠社会力量。引进社会力量进入社区，建设大型超市、卫生所、幼儿园、中小学等公共服务设施，完善社区公共服务体系。四是靠市场主体。通过市场化手段，引进开发商参与社区建设和产业园区建设，既满足企业业务需求，又将企业利润转化为项目建设资金。五是靠政府投入。政府采取以奖代补方式，鼓励引导两区同建工作。组织“百局帮百区”活动，调动行政事业单位力量助推两区同建。

三、两区同建的成效

我们推进两区同建，坚持城乡一体、统筹发展，以建设新型农村社区推进城镇化，以建设农业产业园区推进农业现代化，以城乡统筹支撑工业化，以信息化贯穿工业化、城镇化和农业现代化，走出了“四化同步”的新路子，起到了突破一点、带活全局的作用，实现了德州“三农”工作的根本性转变。

(1) 加强了基层政权和农村管理，加快了带领群众致富步伐。通过村庄合并、社区选举，缩小了大家族在社区里的比重，扩大了选人用人范围，让管理能人、致富能人脱颖而出，既破除了家族治村弊端，又选出了致富带头人，增强了基层班子的凝聚力、战斗力，加快了带动农民增收致富。同时，社区领导班子的集中办公、目标责任、民主管理、考核评议等各项制度实现规范化，部分社区还同步实现了管理信息化，物业、治安、民政、计生、社保低保等社会事务更加完善，社区管理更加科学、高效。

(2) 提高了农民居住和生活质量，实现了农村文明进步。通过居住社区建设，农民住上了宽敞、漂亮、整洁的新楼房，水、电、路、气、暖、宽带、有线、电话等基础设施和公用设施一步到位，学校、幼儿园、卫生所等公共服务设施配套完善，超市、宾馆、饭店等商业性服务机构应有尽有，垃圾和污水实现集中处理，公园、绿地、水面大大提升村容村貌，真正实现了城乡公共资源的均等化和公共服务的一体化。同时，工业文明进入产业园区、城市文明进入农村社区、都市文化进入农民视野，农民群众由传统封闭的乡村观念向现代开放的城市观念转变，由落后的行为习惯向先进文明的行为习惯转变，推动了乡村文明和社会进步。

(3) 加快了产业园区建设，促进了农民增收、家庭幸福和社会稳定。通过农村产业园区建设，将分散的土地资源集中起来，统一生产，统一经营，实现了农业生产的规模化。农民群众进入园区就业，由生产主体转变成产业工人，打破了原来单一的收入结构，土地流转形成经营性收入，园区打工形成工资性收入，房屋租赁形成财产性收入，再加上养老保险、各类补贴等政策性收入，收入渠道实现多元化，收入结构趋向合理化。与此同时，农民实现就近就业，不再离别他乡，解决了空巢老人、留守儿童等社会性问题，促进了家庭和睦幸福，维护了社会稳定。

（4）集约节约了土地资源，缓解了建设用地紧张问题。德州市域范围内拥有土地面积 1500 多万亩，其中农村宅基地占了 160 万亩，按照国家人均 150 平方米的宅基地标准，利用国家增减挂钩政策，可腾出建设用地 100 多万亩。我们通过实施两区同建，将老村址拆迁复垦，置换出土地指标，一部分用于产业园区建设，增加了耕地面积。另一方面用于工业发展和城市建设，解决了建设用地紧张问题。

（5）拉动了内需，加快了经济增长。加快居住社区和产业园区建设，促进了“两投资、一消费”，在当前经济下行压力下，增强了经济增长的动力和活力。“两投资”，一是基础性投资，通过居住社区建设，基础设施和配套设施投资强度加大，拉动了房地产等多个产业发展，带动整个经济发展。二是生产性投资，通过建设产业园区，厂房兴建、设备上马、技术引进等，增加了工业投入；先进装备、科技管理、信息技术的应用，使农田投资强度提高了 5—10 倍，加速了设施农业、现代农业发展。“一消费”，即农民进入社区、住上楼房，新的生活需求发生根本变化，家电、家具等日常用品随之更新，日常支出由自给自足型向商品化社会过渡，消费量不断增加，消费层级提升，消费结构优化，促进了经济发展和质量提升。

四、两区同建的启示

在以两区同建推进城镇化的进程中，我们获得了重要启示：

（1）必须发挥政府的积极引领作用。政府是城镇化的领导者、组织者，通过制定政策、要素配置、行政管理等手段，动员社会力量参与，顶层设计规划，指导建设过程，掌控工作全局，使城镇化朝着预定的目标推进。靠一家一户农民的自发积极性，解决不了住房集中化和功能健全化，更解决不了农业的集约化、产业化、标准化和信息化。

（2）必须发挥群众的建设主体作用。群众是城镇化的参与者、执行者，是建设主体。必须始终维护群众的利益，充分尊重群众意愿，调动群众的力量，启动民资民力，提高群众参与的积极性和主动性。

（3）必须发挥市场的机制作用。市场是城镇化的撬动棒、助推器，在资源配置中发挥基础性作用。必须充分依靠市场的力量，善于运用经济手段，借助现代经营理念，破解人力、财力等要素制约，实现经济效益与社会效益的有机统一。

（4）必须发挥多方的参与支持作用。城镇化是社会工程、系统工程，涉及方方面面，复杂而艰巨。必须依靠全社会的智慧和力量，在规划建设、管理等各层面参与，在人财物等多方面支持，在监督、指导、推进等全过程配合，形成全社会推动的强大合力。

（5）必须发挥政策的激励作用。政策是城镇化的风向标、传感器，必须充分发挥其作用。一是对现有政策，要深入研究，找准结合点，最大限度地使用；二是做好政策创新。实现城镇化，现在推进的政策和配套措施远远不够，必须从实际出发，大胆创新，敢于突破，形成政策体系；三是对偏离方向的做法、市场投机的行为、违法违规的方式等，要制定政策加以制止，确保城镇化有序健康推进。

专家点评

李秉仁：城市化既要解决居住，更要解决就业

住房和城乡建设部原总经济师、

中国国际城市化发展战略研究委员会常务副主任、中国建筑装饰协会会长

十八大报告中对农业转移人口市民化的问题做了相关阐述。我认为，市民化

的第一个条件就是就业，如果没有就业，这些农业转移人口就不是市民，不能所有城市人口都依靠低保生活。所以，讨论两区同建，既要解决居住问题，同时更重要的是解决就业问题，因为就业对一个市民来说是最优先的事情，对政府来说也是最优先的政策选择，这是我们以人为本的城市化的根本。现在，虽然很多农村土地被城市化了，很多农业人口被城市化了，但相当一部分被城市化的人口并没有得到就业机会，实际上没有真正城市化，或者说被边缘化了。如果这样，就不是我们追求的城市化。我想，德州的经验、做法是很值得借鉴的。当然，这样的经验、做法需要大家积极地探索，也希望其他城市能够有更多的精力投入到城市化当中去，创造更多的经验。

袁崇法：德州在探索一条中国特色的非典型城市化道路

国家发改委中小城镇发展研究中心原副主任、
中国国际城市化发展战略研究委员会委员

多年研究三农问题和城市化问题，尤其是小城镇和大城市边缘的这类问题，我感到从今后二三十年中国城市化的趋势看，主要热点问题集中在三个方面：

第一，现有的城市发展元素比较齐全的城镇主要热点将是城市品质的提升。这种提升包括建筑物的更新，基础设施的完善，社会公共设施及其配套设施的进一步系统化，市民对城市发展和管理参与需求的满足，也包括所有老市民和新市民的市民行为，特别是自律机制的逐步培养和形成。这是一个领域，已经避免不了，有很多市民的参与已经反映出了现有城市面临的问题。

第二，农民工市民化，也就是农村转移人口市民化，这个已经谈了很多了，我就不多说了。

第三，广大农村区域在纳入城市化的过程中，现有的城市都是典型式的城市，学的是纽约、巴黎、东京。我认为，这没有什么特色。有人问，中国特色的城市化是什么？我认为，从体制上来讲，就是高度的、行政的动态福利，这一点从城市化自身的特点上很难反映出来。为什么说现有的城市是典型城市呢？因为城市的肌理是建立在工业化基础上的，现在所有城市的功能设计全都是按照工业化的生产方式营造的。所以，在最典型的地方出现了很多专业化的片区，有商业、有工业。工业可以不聚集，但是，生活必须集聚才可以改善生活方式。

我认为，德州在做的两区同建是真正在探索一条中国特色的非典型城市化道路，要解决人们现代化的城市生活方式和就业不那么集聚的矛盾。德州一边考虑农村人口怎样实现城市的生活方式，同时考虑到就业问题，怎样解决人口配套的形式。这种把生活方式和生产方式结合的方式，其特点一定和工业的那种人口集聚是不一样的，所以这是真正在探索中国城市化的主体形式，有可能就是这种非典型化的城市化道路，是未来二三十年提高中国城市化率二三十个百分点当中的主战场，非常有意义。

以上讲到的城镇化三大领域里面的核心问题，都是围绕人来做的，强调人的成长。未来几十年，三大领域里面的城市化，不是围绕怎么去实现工业化的社会生产方式去进行，而是围绕着不管是典型的城市也好，还是非典型的城市也好，打造一个人们宜居宜业的环境，满足就业需求和生活质量需求的城市。

德州的模式，政策上是有争议的，因为核心问题是农民的宅基地是物权。现在我们的做法过多强调了政府的推动，德州在尝试更多让农民参与，这一点一定要坚持下去。第二，任何事情都有争议，都有杂音。我们从历史的角度来看，把握的是主流，抓的是主要矛盾，不要因为旁枝末节、有人反对就犹豫摇摆，我希望你们能坚持住。还有就是，这样一个小型的10000多人的聚集点，有可能会让政府服务设施到位，但是很多商业化的服务设施会因为人数不够得不到延伸，所以还得有一些中小城市相应地穿插在里面，形成一个网络，最终使聚集点实现城市化的生活方式。

（刊载于《城市化》杂志 2013 年第 1 期）

北京华贸中心：创造城市国际化新地标

李占舟　北京国华置业公司公关推广部经理

跨国公司、国际品牌云集的CBD，是一座现代城市国际化水平的标尺。

在北京CBD发展历史上，2009年是时间分水岭，西大望路则是空间分水岭。1993年至2009年的16年间，西大望路以西、国贸中心周边4平方公里划定为CBD。2009年，大望路东侧的华贸中心投入运营2年之后，政府将其纳入CBD核心区范围。自此国贸中心、华贸中心成为CBD发展的“双核”，城市格局亦发生深刻变化。

当前，随着城市的超速发展，一线城市、区域中心城市的城镇化率持续走高，新城市化浪潮席卷而来。珍稀的土地资源之上，如何通过超大规模高端建筑综合体项目带动CBD升级，提升城市的国际化水平，让市民最大限度享受到现代城市文明发展的成果，体验到真正的、零时差的国际大都会生活方式，北京华贸中心提供了一个不可多得的样本。

一、前瞻定位：锁定高端城市综合体

2002年，中国正式加入WTO，北上广深一线城市的国际化进程加快，市场期待的外资机构蜂拥而入的局面尚未出现，北京的商业地产发展距离国际上物业持有型的主流模式相去甚远。销售型为主的写字楼市场疲软，供应量增速迅猛，平均售价、平均租金呈下滑趋势。基于现状分析，很多业界专业人士提出，在城乡接合部的位置上，华贸中心最佳选择是“普通住宅＋大型超市”，如果做占有资金量大的持有型高端城市综合体，市场风险会非常大。

然而，华贸中心创始人房超先生决定走一条不寻常之路。房超认为，中国的城市建设要从追求发展速度向追求城市发展质量转变，借鉴巴黎、纽约等城市经典案例，让城市永远具备持续发展的魅力，绝不能因为追求速度忽视了城市发展质量，否则，繁华背后，只能是城市功能的缺失和无法弥补的缺憾。

在房超看来，包含国际酒店、写字楼、商城、公寓、广场空间的高端建筑综合体才是房地产的最高境界。从建筑的角度看，一个城市的发展，城市价值的提升，主要依靠建筑综合体。建筑综合体荟萃最前沿的建筑技术，需要克服各种复杂的挑战，自身又拥有疏解城市压力的功能，能极大提高人们生活和工作的效率。由于产品自身局限性，“住宅＋超市”根本不可能达到如此高的水准。城市综合体形成商圈，住宅建筑形成居住环境，建筑形态的组合形成城市形态、经济形态。

从城市长远发展分析，华贸中心位于东长安街延长线上，所在的地块是北京向东发展、CBD 东扩的重要节点，又便捷连接首都国际机场及各大商圈。要实现土地价值最大化、城市价值最大化，从社会效益出发，参照世界城市的发展轨迹，创造高端城市综合体正是华贸中心理想的定位选择。

二、整合资源：设计大都会生活方式

城市综合体是“城中之城”，华贸中心在规划阶段就提出要体现国际 CBD 的概念，体现中国经济的发展和实力。房超认为，要让专业的人做专业的事，整合资源的能力才是华贸中心的核心竞争力。为此，华贸中心邀请世界顶尖的美国 KPF 建筑师事务所做整体设计，英国 BENOY、美国 WATG 分别做商业建筑设计与酒店设计，园林规划与交通组织则交给美国 EDAW 与香港 MVA。

对于国际顶尖设计团队而言，能否在理念契合的基础上完成传世之作、时代精品，是他们决定是否合作的关键所在。KPF 公司华贸中心首席设计师詹姆斯表示，“KPF 在世界范围选择合作伙伴时有着严格的要求，最终选择华贸中心，首先源于北京飞速发展的经济和华贸中心位于长安街东起点这一得天独厚的地理位置。其次是华贸中心的开发商对建筑的热情、对这座城市深厚的责任感。”当

KPF 设计的纯净、简洁、明快、极富纪念性和时代感的华贸中心建筑整体效果展现在公众眼前，充满未来感的国际气息扑面而来。

作为高端城市综合体，华贸中心从设计国际大都会生活方式入手，规划三栋国际甲级写字楼、两座国际五星级酒店、一个百货公司、购物中心以及商业街，再加上国际公寓，形成各业态之间的优势互补、有机组合。其中，华贸写字楼更是为世界 500 强、跨国公司量身度造，从外立面设计、幕墙材料到空调机组、供电保障、智能电梯等设备设施，再到商务配套、商业配套、服务团队，都根据目标客群的需求而定制，代表了 CBD 的国际化商务形象。

从 2003 年启动建设到 2007 年完成招商、整体投入运营，华贸中心用四年时间创造了商业地产的一个传奇：同时引入丽思卡尔顿、JW 万豪两座国际五星级酒店，华贸中心创造了商业地产领域的一个奇迹，也标志着其高端城市综合体定位从理想照进现实；随后，牵手北京 SKP（原北京新光天地）为其向亚洲时尚中心迈进开启了大门；而德意志银行、蒙特利尔银行、澳新银行等中国总部落户华贸写字楼，则推动华贸中心最终成为中国高端商业地产发展历史上里程碑式的作品。

华贸中心在上游寻找资金、合作伙伴，中游要整合全球一流团队进行开发建设，下游要安排经营团队、品牌，实行开发建设、招商运营一体化，持续提升，一步步完成大都会生活方式。

三、树立地标：成就城市国际化名片

从 2011 年开始，华贸中心的实力真正得以彰显。主力店北京 SKP 销售额一路上扬，连续 6 年稳坐国内百货单店销售额头把交椅，2016 年销售额高达 96 亿元人民币，逼近百亿大关。2017 年 4 月 15 日，北京 SKP 更创造单日营业额突破 4.6 亿元的新纪录，在零售领域引起强烈反响。这座汇聚 CHANEL、GUCCI、PRADA、LV 等 1000 多个时尚品牌的主力店，不仅吸引众多明星、名流，更吸引追求生活品质感、热爱大都会生活方式的消费者，引领中国乃至亚洲的时尚潮流趋势。

作为国际商务中心、政府指定的国际金融品牌聚集区，华贸写字楼吸引德意志银行、加拿大蒙特利尔银行、澳新银行、强生、巴西航空、TESLA 等 240 余家跨国公司及知名企业入驻，签约入驻率常年保持在 99% 左右。根据中国写字楼 TOP100 发布的报告，华贸写字楼在硬件设施、办公环境、商务配套、贴心服务，以及低碳及可持续性发展等要素方面综合实力位居超甲级写字楼第二名，紧随国贸中心三期之后。

丽思卡尔顿、JW 万豪两座国际五星级酒店，投入运营之后成为万豪集团在中国的重要示范酒店，不仅是世界政要、国际名流下榻首选，更是重要国际商务活动的理想场地，提升了北京的商务接待水平。尤其为在华贸写字楼、CBD 办公的跨国公司，提供了举办品牌与新品发布、行业峰会、公司年会的不二之选。

以国际金融品牌为主导的商务中心，与巴黎、纽约潮流零时差的时尚中心之外，华贸中心还是北京知名的美食中心。NOBU、巴罗洛、玉餐厅、鼎泰丰、大董、北京宴等 108 家餐饮店，聚拢异国风尚、东南亚美味、南北特色菜等，带来大量客流与忠实粉丝。

其他城市综合体中难得一见的广场，在华贸中心则有大大小小 10 个之多。正如房超所言，广场的公共空间是纽约洛克菲勒中心的精髓所在，华贸广场塑造了充满活力的城市空间，令人流连忘返。宝格丽、迪奥等国际品牌艺术展，慈善音乐会，摄影艺术作品慈善拍卖会等轮番上演，成为展示文化艺术、缓解都市快节奏、舒展心灵的港湾。

四、华贸现象:“三个负责”是传奇之根本

在并不被行业看好的地段，采用开发建设、招商运营一体化以及持续提升的主流地产模式，快速创造国际品牌、跨国公司聚集的华贸商圈，树立城市新地标，

并且提供大量就业岗位、利税税源，推动区域经济发展与城市国际化进程，这在业内被称为“华贸现象”。前来华贸中心考察调研的国内外考察团、商学院络绎不绝，对于华贸成功的解读也是众说纷纭。

在喧嚣的商业地产界，房超一直非常低调，这位完美主义者将所有精力都倾注在城市未来趋势研究、生活方式研究与“产品研发”上。他认为，“华贸现象”的普遍价值在于，让人们看到不要急功近利，更好的选择是担当责任，把长期效益和短期效益、社会效益和经济效益结合在一起。

2002 年公司成立之初，房超就提出“对城市负责、对社会负责、对历史负责”的信念。如今，房超亲自撰写的《我们的信念》铭刻在华贸广场的石碑上，接受时间与历史的检验：“我们认为：城市是由建筑和建筑之间的环境关系构成的，华贸中心必须强调城市设计理念，发展商要树立对城市的责任感。我们认为：建筑是为社会服务的，建筑不仅对使用者而且与整个社会有关，华贸中心必须强调社会效益，发展商要树立对社会的责任感。我们认为：建筑是百年作品，本身就构成了城市的历史，华贸中心必须建成领先一个世纪的作品，发展商要有历史责任感。”

正是这种一以贯之的信念力量的作用下，华贸团队整合全球顶尖资源，创造性的跨过重重难关，成就伟大时代的伟大作品。在房超看来，一个伟大的企业，绝不单是因其大，也不是因为最赚钱，重要的是令人尊重。身为高端商业地产领域的领军人物，他呼吁不要过于追求发展速度，应当更注重发展质量，做不留遗憾、对历史负责、经得起历史考验、不会被时代抛弃的百年精品。

为了保持与世界同步，华贸中心开启了漫长的持续提升之路。注重品牌的长期经营，打造百年品牌、百年老店，对于华贸中心而言，一切才刚刚开始。围绕体验经济，华贸商业重新进行规划品牌组合，改造空间氛围，调整购物动线，引入具有国际品质感的独有品牌与人气品牌，保持领先地位。围绕国际金融品牌生态圈的营造，华贸写字楼着眼长远利益，严格把控入驻客户品质，持续提升客户服务与商务配套，客户满意度逐年攀升。丽思卡尔顿、JW 万豪两座酒店创新客户服务内容，自然融入艺术人文气息，不断将极致服务推向新高度……

以北京华贸中心推动 CBD 东扩，改变城市格局，树立城市地标之后，房超正在潜心研发华贸二代产品——苏州华贸中心，一个兼具苏州气质、国际品质的世界商圈呼之欲出。我们期待，“三个负责”信念在苏州以及更多城市结出硕果，引领商业地产行业在新城市化浪潮中走向质的提升。

附：数说北京华贸中心

名称	总建筑占地面积	总建筑面积	华贸写字楼面积	华贸酒店面积	华贸商城面积	华贸公寓面积	时尚品牌数量	入驻企业数量	华贸酒店客房	中西餐饮店	屋顶绿化面积	电动汽车充电桩	地下停车位
数量	16 公顷	约 100 万平方米	30 万平方米	约 20 万平方米	25 万平方米	25 万平方米	约 2000 个	510 家	893 间（套）	108 家	3 万平方米	200 多个	5000 个

（刊载于《城市化》杂志 2017 年第 9—10 期合刊）

五、农村土地改革

板仓小镇，市民下乡的大胆试验

李津逵　中国国际城市化发展战略研究委员会副主任
中国（深圳）综合开发研究院资深研究员
武凤珠　《城市化》杂志记者

概要

长期以来，户籍制度限制着农民进城、土地制度限制着市民下乡。户籍壁垒使城乡人口难以实现自由流动，由于农业户籍“转非”难，农民即使常住城市，也不易获得市民拥有的政治权利、经济权利和社会福利；市民渴望田园生活，然而户籍“非转农”关卡重重，加之土地制度明令禁止城镇户籍人口购买农村宅基地，市民无法“入住”乡村，农村宅基地无法盘活而成为“死资产”、农业人口进城乡村宅院闲置浪费、城市居民下乡无路，城乡二元结构坚如磐石。长沙县以“敢为天下先”的勇气，通过释放少量农村户籍指标解除了市民下乡的身份制约，进而为每户下乡市民安排一块宅基地，政府统筹建好基础设施，下乡市民自行设计施工建房，最终在长沙县出现了一群“乡居市民”。这一项“步步走在法规之中，结果超出预料之外”的大胆试验，展示了市民下乡可能带来什么效应、出现什么结果？ 乡居市民与当地农民之间能够发生怎样的经济社会关系？ 以实践的一大步推进了人们对于市民下乡的认识和想象，营造了一方可以长期观测城乡互动的试验田。

引子

盛夏时节的湖南长沙，在开慧镇开慧村一户雅致的红砖寓所的庭院中，有几位居民在树荫下的草坪纳凉、聊天——他们虽然关系熟络，但不是一家人。年长者 80 多岁，是庭院的主人，却并非开慧村原住村民；年纪较轻的两位 50 岁上下，是一对夫妇，他们是受雇照管附近三家庭院的本村村民。老人本是长沙市区人，退休前在一家颇有名气的宾馆里做领导工作，几年前儿子通过迁转户口的方式拿到这块宅基地，为老人修建了这座安享晚年的居所。这里就是长沙县市民下乡试点所在地，市民与村民和谐共处的景象背后，是长沙县“敢为天下先”的市民下乡创新尝试。

开慧镇位于长沙县最北端，因革命烈士杨开慧的故乡而得名。杨家世居隐储山下的板仓冲，故其父杨昌济被尊称为“板仓先生”，此地又有“板仓小镇”之名。小镇北接平江县、西连汨罗市，是长沙、平江、汨罗三县之交的边缘镇，面积 60 平方公里，距离长沙县城 38 公里，距省会长沙市约 50 公里，属于大都市区内的中远郊地带。由于距城区较远，基础设施薄弱、公共服务滞后，是产业结构单一、劳动力外流的农业乡镇。开慧镇属丘陵地形，因与都市区尚有距离、未被过度开发，所以生态环境保存完好。这里的最大优势是“红色资源”——杨昌济（板仓先生）和杨开慧烈士故里、缪伯英烈士家乡、杨开慧与毛泽东的“初恋小镇”。这里有杨开慧烈士纪念馆，被定为国家 4A 级风景旅游区、红色旅游的重要名胜。

长沙县委、县政府从开慧镇名人故里、旅游景区、距离县城远、工业配套不足、生态环境优越的特定条件出发，抓住这里的“红色资源”和“绿色资源”的优势，在“南工北农”“南工北游”的整体布局之下制定开慧镇的发展思路：将开慧建设成一个重点发展文化创意、现代农业、乡村旅游等产业的特色小镇，从而探索出一条不依赖于城市扩张而发展、可复制和推广的特色小镇发展路径。在文化旅游的战略定位、特色小镇政策支持、国际露营基地等项目引进、道路交通基础设施建设的同时，长沙县委、县政府认识到，吸引高素质的市民下乡居住，成为这个特色小镇的常住居民，一定会对开慧的长期发展带来方方面面的促进。于是选择以土地管理创新破局，以“板仓小镇”的概念引领，推出了一个市民下乡的项目，在为开慧发展引进下乡市民新资源的同时，也为打破城乡二元体制的土地结构做出了大胆的试验。

一、破局：100个“非转农”户口指标

“市民下乡”这个目标，在当下的法律和制度环境下几乎是不可能办到的事。但是长沙县却在现有法律框架之下经过一系列环环相扣的工作，最后将其变成合法的现实：第一，市民下乡要有处安身，这就要给每个下乡市民的家庭安排一块宅基地，而宅基地是农民特有的权益，因此要创造条件让有意向下乡的市民取得农民身份；第二，“新村民”的户口要落在具体的行政村，这就需要征得村民自治组织的同意，这片土地上原住的农户如要拆迁也就需要补偿安置；第三，新增的这块农村建设用地，其用地指标从哪里来？要通过另外的地方复垦来“占补平衡”；第四，宅基地只有集中连片才可能修建水电路基础设施，这就需要向使用宅基地的“新村民”收取相应费用，交由专门的开发机构统一规划、开发建设；第五，“新村民”进入具体的行政村，按乡村组织制度要组成村民小组，但除了宅基地之外，不应享受村民在集体经济组织中的其他权益，这一点必须以法律认可的方式厘清；第六，既然是试验，就要做好失败的准备。试验的风险需要参与者共担，对于因政策掌握中的变数和执法裁量的不确定性，需要地方政府与下乡市民双方都做好对“不可抗力”的应对预案，并以契约方式明确下来等。不管做这件事会遇到多少困难和麻烦，长沙县委、县政府看准了市民下乡是中国城镇化中必须要迈出的一步，必须有人先行试验才知道这个过程会遇到什么问题。而且他们经过充分的调研认准了一条：如今城市居民只要是社保医保已经到位的前提下，择业自主、就业自由，户口的“非转农”已经不会对工作生活构成实际影响。这个项目一经提出，就会有人来“吃螃蟹”。

2009年7月18日，长沙县委、县政府下发文件《关于鼓励板仓小镇建设的

若干意见》，提出为进一步鼓励和吸收城市资本与民间资本向板仓小镇集聚，把板仓小镇作为长株潭两型社会先行先试的试验区，将其打造为“中部名镇·红色板仓”和“新农村地标”。根据《意见》，板仓小镇规划区被确定为全县推行放宽城乡落户政策的试点区域，有条件的城镇居民可来此迁户定居。凡迁户定居者，经批准可享受当地村民建房待遇，同时需缴纳一定的公共设施配套费。此外，在板仓小镇固定资产投资超过1000万元的项目法人也可迁户定居，享受当地村民建房待遇。

城镇居民落户乡村并非全无政策支撑。早在2008年11月23日，长沙市公安局就曾下发《关于进一步放宽城乡落户政策的通知》，提出进一步放宽长沙市城乡落户政策，使非农户口公民可通过未成年人投靠父母、夫妻投靠等方式落户农村。当然，亲属投靠方式涉及人群的范围有限，难以在人口结构、城乡互动上为乡村带来实质性改变。但这毕竟把市民下乡的户籍桎梏拉开一丝缝隙。那么，是否可以在长沙市公安局所发《通知》基础上再迈一步？这一步的跨度该如何掌握？

2010年6月10日，县里在城乡一体化工作调研会议上将鼓励市民来长沙县迁户定居具体化，为了使这项具有牵一发动全身的试验高度可控，县里决定限制总量，在特定乡镇封闭运行：“允许金井镇和开慧镇各试点100户。”于是，由长沙县公安局牵头，国土局、开慧镇、金井镇共同研究制定出具体的城市居民下乡居住的实施细则。

（一）市民下乡居住点的选址、规划及管理

县委县政府作为决策者提出思路，镇里作为执行者开始实施。板仓小镇市民下乡试验点的直接执行方、推动者，便是开慧镇城建投资有限公司。开慧镇城建投资有限公司成立于2010年3月，是经长沙县人民政府批准、开慧镇政府全资投入的企业，主要工作任务有二：第一，筹集建设资金；第二，承担整个镇域

范围内政府投资项目的实施和管理——板仓小镇市民下乡居住试点便是其全力推进、重点运作的项目。

2010年9月，板仓小镇市民下乡规划区项目正式启动。开慧镇城建投资有限公司公布规划设想后，由下辖各村自愿申报、推荐合适的试验点，开慧村、葛家山村等行政村认识到这个项目潜在的价值，都积极推荐了本村的地块。城建投经多方比较，本着交通相对便利、环境较好、住户较少、不占用基本农田等原则，选定了跨开慧村段老组、段冲组、蛇咀组三组的一个地块，面积约314亩。

这块土地大部分是林地，还有少量的一般农田，里面居住着9户人家。镇政府根据项目要求，将这些土地调整为集体建设用地，所占农田及林地秉持占补平衡的原则在他处补充。9户农民的宅基地则依据正常征地补偿标准给予划地安置，按照农户自身意愿，其中4户安置在本组的土地上，其余5户安置到了葛家山村的农民集中居住点。通过规划设计，这块土地被划分成94个地块。地块大小不一，大的有3亩多，小的1亩多；形状也并非四四方方的格子，而是依地势而定。

开慧镇城建投不仅统一规划地块、统一建设基础设施，而且统一处理规划区内的污水垃圾：污水管网早已提前建好，管道通到每家每户，将下乡市民的污水全部纳入管网中，集中排放到开慧镇污水处理厂；垃圾也是集中处理，开慧镇以服务外包方式同环保合作社合作，统一收集全镇垃圾。

在规划阶段，开慧镇就已开始设计下乡市民的社区管理形式。小区业主委员会尚未成立，开慧镇城建投有限公司已选聘好前期物业服务企业以小区管理的形式介入前期物业管理，等业主全部入住、业主委员会成立后，将引进正式物业，同时收取一定数额的物业费。至于请哪一家物业公司、如何请，将由业主委员会决定。

（二）建房："统一规划，自己建设"

市民通过亲戚朋友、宣传网站等途径得知项目信息，有兴趣的就会前来看地、选地，并到城建投招商办了解用地的区域布置等基本情况、咨询价格。招商办已将规划提前做好，市民需要支付的费用从 10 多万元到 30 多万元不等。市民选地根据报名顺序排序，先报名者先选择。需要注意的是，下乡市民缴纳的费用并不是买卖地块的费用，而是为附着在地块上的基础设施（水、电、路等）付费，即基础设施配套费；地块不改变权属和用途，是农村集体建设用地提供给已迁转户口的下乡市民做宅基地，由县国土局颁发农村村民建房用地许可证。

市民对此确认并付费后，会拿到一张《板仓小镇迁农户口呈批表》，经公安局审批后将户口迁至开慧村。对于户口迁转，长沙县也设置了限制条件：所有的公职人员（公务员、事业单位人员）不允许迁转；未成年人和 65 岁以上的老年人也都不可以迁转。

户口迁转完毕就拿到了建房资格，房屋由开慧镇城建投“统一规划，自己建设”。“统一规划”，即城建投对建筑的面积、层高做出统一限定，以保证区域整体的协调性，根据规定，建筑高度不应超过 12 米，层数不应超过 3 层，占地面积不应超过 170 平方米；“自己建设”，即设计风格无明确限制，由市民自行设计建筑图纸，提供给城建投工程部，经审核通过后便可自行开建。

由于采取“统规自建”的项目建设方式，所以项目推进程度全看市民意愿及资金情况。如今，94 个地块已全部有主，其中有 10 多户居民已建成入住、30 多户宅院在建。

（三）选择：下乡市民的潜在价值

“昔孟母，择邻处。”选择迁户的市民就是选择未来与谁为邻——这是开慧镇政府的考虑。在项目建设中，城建投收取的配套费仅仅是打平规划建设投资，政府更关心的是下乡市民背后的专业、知识、人脉等社会资源。在项目初期设定板仓小镇的吸引人群时，政府的期待受众便是城市高端人才。建房群体中文艺界、传媒界人士相对较多，主要来自湖南广电集团、湖南电影制片厂两个系统——这是开慧镇政府对下乡市民主动选择的结果。

开慧镇之所以更愿意引进文艺界、传媒界人士，与该镇发展定位是有关联的：开慧要走的并不是传统农业或工业发展之路，其大力推进的是乡村旅游、文化教育等产业。“板仓小镇”就是长沙县在开慧镇实施的建设项目，规划面积19.2平方公里的项目就是以田园文化理念为指导，具有湖湘文化特色、现代化农村气息、生态和环保相融、与县城星沙和长沙经开区互动的卫星镇，成为集商、旅、文化于一体的“田园城市”。“通过‘板仓小镇’的建设，打通农民进城和市民下乡的通道，从而实现城乡双向交流、资源共享。”作为板仓小镇的重要组成部分，镇里希望市民下乡的平台吸引更多相关人才，利用人才背后的社会资源发展产业、扩大宣传。不负所望的是，来自文艺界、传媒界的下乡市民的确为当地带来了更多机遇：

产业发展需要大量的招商引资，下乡市民常介绍投资方与开慧镇洽谈。比如，由湖南广电集团投资的湖南卫视后勤影视基地已经谈成、在建了，该项目占地500亩，总投资3亿元，北至开明水库大堤、南抵毛家坳小学公路边沿，建成后将极大地推动开慧镇旅游产业的发展。该影视基地入驻开慧，正是由下乡市民促成的：为找到合适的影视基地建设点，项目工作人员考察了湖南省的很多地方，板仓有下乡市民在广电集团担任高管，于是向相关人员推荐了开慧，列举出了这里的优势条件，基地项目负责人对该地进行考察了解、多方权衡后，最终敲定了开慧——在这个过程中，下乡市民起到了很好的牵线搭桥作用。

通过市民下乡项目与媒体建立良好关系也有利于开慧镇的对外推广、宣传。媒体关系的建立，使板仓更易出现在活动、新闻报道中。有些媒体甚至会在活动中直接介绍：到开慧镇去看一看，那里做得很不错。由于开慧镇生态旅游产业成绩较突出，所以媒体做节目、出外景时便很容易想到这里，这是其他地方难以拥有的优势。通过电视播出、报纸宣传，开慧镇更易获得发展旅游产业所需的知名度——这也是下乡市民的潜在价值之一。

二、风险控制：预设防火墙

（一）如何界定权益范围

市民迁转户口、下乡居住，目的不是成为农民，而是为了享受乡村清静、舒适的环境。下乡市民与原住民身份背景、生活需求各不相同，应履行的义务、享有的权利也不尽相同。那么，该如何界定他们的权益范围，使同处一村的双方不会出现因界限不清而产生的利益纠纷？

为使“新村民”的管理纳入当地体制，下乡市民所在区域通过民政区划成立了一个村民小组。该地块原本的地名叫“五子冲”，所以该村民小组叫作“五子冲村民小组”。“五子冲村民小组”是一个全新的集体经济组织，组员就是落户到这里的市民。小组虽受村委会管理，但是其权利和义务与一般的村民小组略有不同：

第一，小组成员暂时不参与村庄的政治生活，比如村委会选举等。虽然从法律层面讲，下乡市民已是该村村民，应当参加，但是因为他们并非土生土长的本地人，与原住民之间彼此了解不多，难于在短期内了解村庄内情，所以即使拥有选举权，恐也难以有效利用；下乡市民往往在他处有自己的本职工作，即使拥有被选举权、当选村主任等岗位，恐也难以全身心投入村内事务处理。特别是，目前下乡市民并未表现出参与乡村治理的强烈意愿，参与的可能性不大。未来该区域变为社区化管理形式，乐于公共事务的人们可以参与到业主委员会的工作中。

第二，下乡市民虽已转为农业户口，但是主要生活环境、工作地点仍在城市。他们已享受城镇社会保障体系，所以村庄中的新农合医疗保险、农村养老保险等社会保险都没有将他们纳入在内。

第三，该组组员也不享受314亩地之外耕地的承包权，但是在314亩地范围内，他们可以自己分配承包权，即下乡市民只在这314亩地之内享有农民的权益。

由于下乡市民身份的特殊性，他们在入户板仓时都已签订《板仓小镇集中居住项目业主承诺书》，承诺“入住板仓小镇后，仅享受与村民同等的建房待遇，并依法享有房屋的所有权”，除此之外，“主动放弃因为农业户口所享受的其他村民权利”——此举界定了下乡市民的权利范围，同时保证了其与原住村民之间不会产生利益纠葛。

（二）如何应对可能的政策风险

这项“步步走在法规之中、结果超出预料之外”的试验，毕竟是敢为人先的举措。下乡市民以迁转户口的方式到农村建房的过程中，同样也承担着相当的政策风险——如果将来政策生变，项目受到上级政府的相关部门不认可甚至查处，该怎么办？

市民之所以敢于下乡，是因为该试点项目由政府在推动，相对企业与个人，市民对政府的信任度更高：板仓小镇市民下乡试点是长沙县委、县政府从本地发展需要实施的创新试点，“100户非转农户口指标”也是根据本地实际和上级相关规定精神，在总量控制、地点控制的前提下给出的。尽管这些做法都在现有法律法规的框架之内，而且要走通整个过程需要付出常人难以想象的太多的努力，然而县级政府的先行先试无法保证省市、中央政府有关部门一定会认可、支持，也无法保证未来的产权就一帆风顺。例如，假如未来有更高一级政府再次征收这块土地从事其他项目建设，届时也只能按照当时的国家拆迁征地标准给予下乡市民以相应补偿。市民可自由选择通过夫妻投靠、买房、投资等方式将户口迁走，也可以选择继续保留；只是对于保留而不迁出的户口，将只能采取货币安置办法，因为小组内已经没有宅基地来安置他们了。

所有报名迁户的市民完全了解这些政策风险，他们对此并无异议，入户板仓之时便签订《板仓小镇集中居住项目招商协议》：“由于国家政策变化等不可抗力因素发生，导致本协议无法实际履行的，本协议自动解除，双方互不追究违约责任。”

三、效果：下乡市民为乡村带来了什么

（一）村民有了就近增收的机会

虽说板仓小镇市民下乡试点区内的314亩地是一个相对封闭的空间，这些“新村民”几乎不与村委会、原住民之间产生交集，但是随着下乡市民生活的日趋稳定、社交范围的日趋扩大，与原住民之间不可避免地产生了越来越多的联系，比如：

下乡市民虽然无法承包村里的耕地，但是可以流转其他村民承包的耕地，有些市民流转了周边小组村民的田地从事农业生产（种菜、养鱼等），在自己体验农村生活的同时，也使原住民得到了租金收入；下乡市民流转耕地的目的是“体验”，他们难以像当地农民那样每天为蔬菜浇水、施肥，所以就要聘请当地农民帮助他们打理庄稼和蔬菜。此外，市民还需要人手帮助他们维护院落的花草树木小菜园，在回城期间需要有人帮助照看院落、打理住宅等，都会就近聘请原住村民来帮忙，雇佣关系使原住村民又可以获得一笔劳务收入。

板仓小镇所在地块并非高产出的沃土，其原本种植的林木并不是经济林，而是南方常见的灌木、乔木等。田地也是灌溉相对困难、产出较小的低产田——林与田都难产生经济效益，村民收入较少。下乡市民的到来增加了村民就地的收入来源，使村民得到了实惠。所以迄今为止，原住村民对下乡市民持接纳态度。

（二）城市文明带入乡村

作为长沙县城乡一体化建设体系中的重要组成部分，开慧镇市民下乡试点与发展文化产业、乡村旅游产业等举措同步进行，各民生项目的实施必然会对当地原有的生活方式产生影响。开慧镇虽为国家级风景旅游区，但在知名度尚未打开、基础设施尚未提升前，每年前来旅游的人口只有20—30万。随着基础设施的完善、政府几年间不遗余力的打造，开慧镇越来越漂亮，吸引的游客越来越多。2014年，开慧镇游客人数超过120万，比以前增长了约100万。

外来人口的增加改变了当地村民的生活形态与思维方式：农民兴办的“民宿”从无到有，渐渐增加；眼界的开阔、服务意识的提高、经商思维的完善，使他们不再局限于从前的1亩3分田，他们将土地流转出去，放开手脚开店、经商。如今开慧镇的土地流转面积已达60%，腾出了多数村民的手脚，使他们可以自谋职业、自主创业——市民下乡直接间接地带来人们的思维盘活。

下乡市民自己设计建造风格各异的房屋与当地民宅质量、形态都显著不同，在引导城市资本、信息下乡的同时，市民也将城市的建筑风貌与文化理念带到了乡村；开慧镇市民下乡试点在与文化、旅游产业同步推进的过程中，也在悄然改变着当地村民的生活方式、观念意识——无论生活形态、建筑风貌还是思想观念，下乡市民已在无意中将城市文明带入乡村。

城镇化的过程也是城市文明下乡的过程，这一过程是人口集聚完成、多数城市已定型，甚至环境污染、交通压力、住房紧缺等诸多城市病已逐步显现时，自然而然延展出的“城市化后半部分”。对此，美国学者约翰·弗里德曼（J.Friedman）早有分析：城市化不仅包括人口和非农业活动在规模不同的城市环境的地域集中过程、非城市景观转化为城市景观的地域推进过程（城市化Ⅰ），还包括城市文明、城市生活方式和价值观在农村地域的扩散过程（城市化Ⅱ）——板仓小镇市民下乡试点令这一过程水到渠成。

（三）社会结构发生改变

“板仓小镇”并非简单、无序的郊区化蔓延。郊区是与城市接壤的乡村地带，在一定程度上仍属于城市扩张的范畴。而板仓位置虽在大都市圈内，但距主城仍有一定距离，它的目标是成为一个相对独立的美丽小镇。要想建起一座真正意义上的小镇，仅靠数量有限的留守村民和来来往往的游客，而没有市民下乡，人口结构不发生改变，无论小城镇还是新农村的目标都是难以实现的。

开慧镇规划建设一个“板仓小镇”，吸引市民下乡增加常住人口数量、改变当地人口结构；乡村旅游带来流动的消费人群。两种力量推动着城乡人口对流、需求互补、功能耦合，真正实现了以城带乡、以工补农，并且逐步扭转着原住民的生活形态和思维方式。而城乡文化的交流融合，也在推动着社会结构的缓慢变革，板仓建起一座大都市圈内特色小镇的目标便有了实现可能。

板仓是一个山清水秀的地方，且距主城区距离适当，市民周末便可驱车前往。类似的城郊乡村在全国相当普遍，同时，乡村旅游、乡村度假也已成为趋势。在城镇化发展迅猛、边缘乡镇逐渐被中心城市吞噬的大背景下，板仓小镇的突围之路或许可为众多条件相近的郊区乡镇提供借鉴。

四、点评：践行“城乡统筹”的试验田

（一）真正的创新是基层自主选择

长沙县的市民下乡试验，显然不是为了贯彻上级指示，落实上位规划的行为，而是一项针对自身发展遇到的困境做出的自主创新。“我要做”还是“要我做”，其结果天壤之别。对于长沙县委、县政府来说，自主决策过程没有外在的压力，压力完全来自内部，就是要全面地权衡利弊：在引导市民下乡的同时不侵害村民利益；促进发展的同时将风险控制在可承受范围内……所有措施的制定都是寻求各方平衡的结果。也正因此，长沙县充分尊重基层的自主性，尊重基层根据自身条件做出的选择。市民下乡的选址就是在开慧镇征求了不同村的意见，在村组自愿的基础上确定试点区域。试点开慧也是尊重了开慧镇的意愿，与板仓一同获得“100户非转农户口指标”的还有区位条件类似的金井镇，然而金井的区位有别于开慧，发展战略是以“茶乡小镇”“乡村都市”为目标，并不急于在市民下乡上做出推进。因此这100个指标没有即时释放。随着互联网+有机农业、乡村旅游和乡村创客的聚集，未来金井也许会适时启动，打出这100张牌，这就全看基层政府审时度势的自主选择。改革开放30多年来，没有哪一件伟大的进步是贯彻落实上级指示做出来的，真正的创新一定是基层和民间的自主选择。

（二）一个行动胜过一打纲领

板仓试验的结果是在开慧镇出现了一群“乡居的市民”。在城乡经济结构二元、管理制度二元的当下中国，这一打破城乡二元结构的举措可谓“石破天惊”：十七届三中全会以来，国家政策虽屡屡提及“形成以工促农、以城带乡、工农互惠、城乡一体的新型工农城乡关系”，然而各地实践还都只是城市资本、技术、产业的下乡，并没有涉及城镇化主体——“人”的下乡。板仓小镇市民下乡以“100户非转农户口指标”破局，为了使项目全程不逾现行法律法规的界限，长沙县设置了一系列前置条件，将试验限制在特定空间（314亩地）、特定范畴（仅限宅基地），以双保险规避改革可能带来的风险。仿佛是在一个高压、恒温、无菌的环境下得出的少量珍贵的试验室成果。这一成果实现条件之复杂使其难以大面积推广，但是成果本身——市民下乡的实现，却实实在在地让人们看到了一个以往从未出现的社会现象：城市居民自主流动到乡村，带着资金、知识、建筑形式、生活方式来到乡村，与原住村民相互依靠、相互帮助，改变着乡村的人口结构，创造出乡村新的社区形态，试想哪一篇论文可以将这样真切的实验成果做出全面的预测呢？ 正所谓“一个行动胜过一打纲领”。

（三）超前、大胆又谨慎的探索

板仓小镇市民下乡试点可谓谨慎、大胆又超前：“谨慎”表现在对改革特定空间与范畴的限定；“大胆”表现在“100户非转农户口指标”的特批，放眼全国，尚无先例可循。其“超前”的表现也正在于此，长沙县有条件实践的事，国家的法律法规整体条件尚不允许，然而它代表了中国城镇化必然的发展方向——乡村不会永远被城市索取，它或借助城市的扩张而发展，或引入城市的资源独立发展。当他的一部分居民选择在乡村居住，并且将城市的资金、知识、生活方式甚至就业岗位带到乡村的时候，城乡之间就实现了平等全面的互动。长沙县的“先行先试”让我们看到了：城郊乡村在将城市资源整合进自身发展的过程中，产生了怎样的可能；同时也让我们看到了开拓者是怎样披荆斩棘，艰苦卓绝，走下了这一着不无风险的大棋。

（四）试验才刚刚开始

在英、美等国家，公民无“农业”与“非农”的户籍区别，所有国民享受公共服务的权利均等，“市民乡居”早已成为普遍现象。在中国，这个趋势亦将不可避免地到来，长沙县为这个迟早要到来的未来预设了一个试验室。

已经发现的问题包括：山区丘陵地带的农村宅基地并不是整齐的格子，而是因山就势，因水就形。本来就是“四荒地”，不值钱，宅基地可大可小，大小由之。在这样的地方建设乡居市民的居住区，居民宅院多占些路边地角如何管理？也有人提出疑义：乡居市民不少按“5+2”方式下乡居住，到了周一留下些垃圾回到城里，没有给当地留下什么。

展望未来，乡居市民们既是本地农村的社区成员，但又不是农村集体经济组织成员。因此，同一个行政村，会有两种不同的治理模式：一种是拥有集体经济的村民自治；一种是住房产权私有、不存在集体经济的居民自治加业主自治。前者由于是人民公社体制的遗产，未来将不断深化改革；而后者会不会成为中国农村一种新型的社区组织形式呢？还是简单地变成一块城市社会在乡村的“飞地”。这种新型的农村社区会遇到哪些治理的问题呢？乡居的市民在公共服务、公众参与方面会表现出与传统城乡社区哪些不同呢？显然，着眼于中国乡村未来的人们，一定会关注这个刚刚拉开大幕的社会试验。

（刊载于《城市化》杂志 2016 年第 8 期）

北京密云县穆家峪镇水漳村：土地信托助推农业现代化

刘睿文　北京市农村经济研究中心博士

2012年以来，北京市农经办（农研中心）开始了土地信托相关试点工作，先后在门头沟、怀柔、平谷等多个区县开展了探索，推动了“富民”系列拆迁资金信托产品，取得了一定的成绩。经过两年多的努力，2014年2月27日，北京乃至华北地区首单土地信托“金色田野2014008号”正式落地，北京国际信托有限公司与密云县穆家峪镇水漳村签署协议，将水漳村1680余亩土地统一流转给北京国际信托有限公司经营。此次签约不仅标志着北京乃至华北地区首个土地信托项目正式落地，也标志着北京农村金融创新进入了全新的阶段。

一、困境：土地经营困难制约村庄发展和农民增收

水漳村位于北京市密云县穆家峪镇，全村有1680余亩农用地，全部由本村圣水樱桃专业合作社经营，种植草莓、樱桃、葡萄和蓝莓等高附加值水果。由于前几年在大棚、基础道路、苗木以及引进技术、人工等方面的资金投入量较大，加之水果还没有产出，所以合作社扩大再生产资金严重不足，经营困难。

土地经营的困境影响到村集体经济的发展和农民收入的增加，村集体分红缺乏收入支撑，近几年甚至不得不借钱分红。而村民除获得每亩1000元的流转费外，仅能够在年终得到一些实物分红，大部分农民靠进城或到周边村镇打工养家糊口。

二、破题：开展土地信托

水漳村将现有的1680余亩土地通过组建土地股份合作社的方式集中起来，统一委托给信托公司，由信托公司将土地交给圣水樱桃专业合作社经营，信托公司除支付相应的1000元每亩的流转费外，还将为水漳村下属经营主体圣水樱桃专业合作社提供约1800万元信托资金额度，用以支持其扩大生产、改善经营，促进其实现全面盈利。待其实现盈利后，按照合同约定比例，向信托公司定期支付超额收益，超额收益按照1∶3∶6的比例向信托公司、土地股份合作社和农民股东分配。此外，北京信托特别与北京华联集团合作，将圣水樱桃合作社的农产品直接对接华联集团旗下的超市，以保证圣水樱桃合作社农产品销售渠道畅通。

水漳村土地信托有以下几个基本特点：

一是守住了四条底线：即水漳村在推动土地流转过程中，坚持土地的集体所有制不变、坚持土地的用途不变、坚持保障农民土地权益、坚持土地流转和经营利用依法合规，守住了基本的底线。

二是通过土地股份合作的方式盘活土地资源：即由农民自愿组建土地股份合作社将土地承包经营权集中起来，由土地股份合作社作为委托人，将土地集中委托给专业信托公司。

三是委托专业的信托公司开展土地市场化运作：即由信托公司凭借市场化经营运作和资源配置能力，以及在风险控制方面的优势，对所委托的土地进行市场化运作，并承担相应的风险。

四是由农民专业合作社负责生产经营：即由当地农民自发成立的农民专业合作社—圣水樱桃专业合作社作为土地的接转方，负责具体经营。

五是农担公司负责担保：本次土地信托所配套的1800万元资金信托采用市场化的方式，由市农担公司出面为资金信托担保，避免增加乡镇政府的债务担保负担。

六是收益分配科学规范：合作社土地经营收益扣除生产成本后，分为三大部分，一是需每年固定支付土地流转费约170万元，二是按照信托合同约定定期支付信托资金利息，三是除此之外的净利润按照1∶3∶6的比例在信托公司、土地股份合作社和圣水樱桃合作社之间分配。

三、意义：新的模式、新的路径、新的思路

此次土地信托作为北京市首单土地信托，首次把土地信托这种新的土地流转模式引入京郊大地，丰富了首都土地流转和经营的方式和途径，具有突出的意义：

（一）为盘活农村土地资源探索一种新的模式

土地信托流转作为一种新的土地流转模式，通过土地股份制改革理清内部产权关系，借助信托机制实现了农村土地所有权、承包权、经营权以及收益权的分离，全面放活了经营权，同时依托信托公司的专业优势，开展更加高效的市场运作、有效应对风险、维护农民权益，有助于更加有效地盘活农村土地资源。

（二）为农业经营提供新的融资渠道

过去农业经营要进行融资，要么通过农信以及银行的小额贷款，要么通过农业担保抵押公司，要么就走农民互助金融或者民间借贷，这些渠道要么对于担保物以及经营者本人的要求非常苛刻，要么资金量有限或者风险很大。引入土地信托模式后，借助信托公司平台，可以为相应的农业项目对接资本市场进行融资，从而为农业经营提供了新的融资渠道选择。

（三）为维护和实现农民土地权益提供了新的方式

土地信托以建立委托代理法律关系为核心，作为被委托方的信托公司有义务全力维护作为委托人的农民的土地权益。借助信托公司在开展市场运作、风险防

范、信息获取乃至法律维权等方面的能力优势，有助于更好地维护和实现农民的土地权益。

（四）为城乡资源要素市场对接提供新的途径

基于二元体制束缚，当前城乡要素市场的对接还不是很顺畅，土地信托模式借助信托公司这个中间人，一方面利用信托机制将土地经营权有效组织起来；另一方面依托信托公司作为金融机构的优势，实现农村土地资源与城市资金、销售渠道、管理、技术、信息、服务等要素的对接，实现了城乡要素市场的有效联通。

（五）为农村金融创新提供了新的思路

当前农村金融的主导形式依然是农村小额信贷、担保抵押等传统内容，不仅服务面窄，而且还面临传统商业金融与农村制度现实的严重冲突。土地信托利用相对灵活的信托机制，通过建立委托代理结构、实现土地“三权分离”的方式，将金融体制机制创新与农村土地制度现实很好地结合起来，为开展相关创新工作提供了新的思路。

四、回应质疑：用事实说话

随着近一段时间以来土地信托在各地的实践，社会上一些人基于对信托的误解，纷纷对土地信托提出质疑和担心，认为这样会导致社会资本盘剥农民、土地变性、违规建设以及农民利益被侵害等问题，此次水漳土地信托的实施，有效防止了上述问题的出现，做到了土地不变性、不改变用途的同时充分维护和实现了农民的利益，用事实回应了上述质疑：

（一）合作社得到了急需的发展资金等要素资源，土地资源被有效盘活

通过开展土地信托，水漳村圣水樱桃合作社得到了 1800 万元的资金，可以用于开展其急需的苗木和技术引进、设施更新、市场营销等，从而突破了资金瓶颈，有望顺利步入发展正轨。以合作社发展步入正轨为契机，水漳村土地经营状况转好，同时借助信托公司的优势，实现了水漳村 1680 亩土地与城市资本要素市场的有效对接，其土地资源的市场价值得以有效发现。

（二）土地始终在农民手中，并且所有土地都用来发展农业

在信托模式下，虽然经过了土地经营权的一系列流转，但可以肯定的是，所有流转的土地其集体所有的性质始终没有改变，水漳村农民依然掌握上述土地的所有权。土地信托合同到期后，信托公司有义务将所有土地返还给土地股份合作社。此外，水漳村土地信托在合同议定阶段就明确强调土地的农业用途不得改变，这也体现在信托合同中。从实践情况看，水漳村所有 1680 亩信托土地全部用来发展现代农业，没有进行任何一项违规建设，更没有进行小产权房建设的计划。

（三）农民拥有绝对的主导地位，成为最大受益主体

由当地农民自发成立的土地股份合作社和农民专业合作社分别作为土地的委托方和经营方，使农民在产权流转、土地经营、收益分配等全过程拥有充分的话语权，确保农民成为绝对的权力主体和最大的受益主体。从分配方案看，农民除获得每亩 1000 元的流转费外，还将获得土地经营上缴浮动收益的 60% 作为分红，而土地股份合作社也将获得 30% 的上缴浮动收益，这部分收益未来也主要向村民进行分红。此外，参加专业合作社的农户还可以获得工资收入和合作社分红。农民成为名副其实的最大受益者。

（四）风险的承担主体是信托公司

按照信托制度和水漳信托合同，信托公司对于农民的土地收益有刚性兑付的义务，并且对于因其原因造成的损失有赔偿的义务，即如果圣水樱桃合作社无法

按合同支付土地流转费，则信托公司有义务代其向农民垫付土地流转费，而如果由于信托公司原因造成土地财产损失，信托公司还要以自己的财产向农民赔偿。实际上，信托公司成为整个土地经营过程中的风险承担主体。

（五）市场要素的主流向是从城市到农村

从市场要素的流向来看，水漳土地信托改变了传统城市资本投资农村土地经营中“造血少，抽血多”的不合理现象，由信托公司依托金融市场对接城市要素市场，将城市中的资金、技术、管理、服务、信息乃至人员等要素引入到水漳村村的土地经营过程中，促进了当地的农地经营和农业现代化，带动了全村整体发展和农民增收致富。从整体看，城市是市场要素的流出方，而农村显然是市场要素的流入方。

五、启示：土地信托到底解决了哪些实际问题

通过开展土地信托，可以解决当前农村土地流转和经营过程中的很多实际问题：

（一）解决了土地流转中兼顾效率与公平的问题

以前农地流转要么由农民分散流转，要么由村集体或者政府主导集中流转。前者往往导致流转效率低、经营风险大，且农民无法充分维护自己的权利；而后者虽然提高土地流转效率、降低经营风险，却往往无法充分尊重农民的意愿。通过引入信托公司这个中间人，利用市场的方式集中流转土地，既解决了农民谈判能力不足的问题，又避免了政府、集体集中流转对农民权益的侵害，用市场的方式很好地解决了效率与公平的矛盾。

（二）解决了土地流转和经营过程中的风险问题

信托的一大优势就是擅长风险管理，一方面，信托公司凭借在风险管控方面的成熟机制，实现对市场风险的有效度量、有效评估、有效应对和有效防范，最

大限度地降低了土地流转和经营的风险。另一方面，根据信托制度对于委托人财产保护的机制，信托公司对于农民的土地收益有刚性兑付的义务，并且对于因其原因造成的损失有赔偿的义务，即如果圣水樱桃合作社无法按合同支付土地流转费，则信托公司有义务代其向农民垫付土地流转费，而如果由于信托公司原因造成土地财产损失，信托公司还要以自己的财产向农民赔偿，这种机制可以进一步降低土地流转和经营中的风险。

（三）农民主导土地经营，回答了谁来种地的问题

水漳村土地信托流转采用了“双合作社”模式，即由土地股份合作社进行农地承包经营权的组织和集中流转，而由农民组建的专业合作社作为土地接转方。这种模式不同于过去向大企业和社会资本流转的模式，确保了农民在土地经营和农业生产过程中的主导权，进而保证了农民在土地收益分配过程中的主导权，不仅避免了大企业、社会资本对农民利益的盘剥，还为农民就业增收提供了途径，确保了“农民土地农民种”，很好地回答了“谁来种地”的问题。

（四）解决了农业现代化的资金瓶颈问题

作为土地经营主体的圣水樱桃专业合作社当前正处于发展的瓶颈期，需要进行包括经营管理和基础设施等在内的全面的软硬件升级，而其面临的最大障碍就是资金不足。有鉴于此，水漳村土地信托流转除了土地信托之外，还专门针对接转方的土地经营设立了一个资金信托，为圣水樱桃专业合作社提供 1800 万元资金，用以支持其扩大生产、完善设施、改善经营管理，从而解决了其升级转型的资金瓶颈问题，使其能够顺利实现企业蜕变，走向发展的正轨。

（五）推动农地流转的同时确保了土地承包关系的稳定

中央近期针对农地流转提出“落实集体所有权、稳定农户承包权、放活土地

经营权”，同时强调保障农民的收益权。土地信托流转通过组建土地股份合作社理清内部产权，并借助信托权能分离机制，实现了土地的集体所有权、农民承包权和收益权与企业经营权的分离，在确保土地集体所有制不变，承包关系不变并且保障农民收益权的前提下，将土地经营权的市场权力完全放活。在推动农村入市，充分发掘土地经营权市场价值的同时，确保了农村土地产权关系的稳定，有效维护了基本经营制度。

（六）用市场的方式落实土地利用规划，解决了农地农用的问题

信托具有突出的规范性优势，在信托实施过程中，信托公司不仅要遵守信托文件约定的各项职责义务，还必须遵循信托法律规定的信托公司的各项职责与义务，这不仅有利于利用外部机制监管信托公司的运作，也有利于通过信托机制带动提高土地经营的规范性。借助金融监督机制确保农地利用依法合规，确保农地农用，可以有效防止当前土地流转后的“非农化”和“非粮化”倾向。从水漳村的实践情况看，所有的流转土地都被用于发展现代农业及其相关产业，并没有开展非农经营，更没有进行房地产开发。

（七）建立科学的利益分配机制，解决了市场化过程中农民利益最大化的问题

水漳村模式通过科学设计土地信托收益分配机制，确保了农民成为最大受益者。按照本次土地信托方案，水漳村村民可以从土地流转经营中获得两笔收入，一是每亩1000元的土地流转费，二是土地经营的超额收益；而作为土地接转方的圣水樱桃专业合作社，其社员除了获得上述两笔收入外，还可以获得合作社工资收入。相对而言，信托公司只获得较少的管理服务费，而村委会、政府则不获得收益，农民实实在在地成为整个土地信托流转过程中的最大受益者。

通过土地信托的开展，在确保土地不变性和农地农用的前提下，不仅使水漳村圣水樱桃合作社得到了急需的企业发展资金，也带动了农民增收、村集体经济

发展，降低了土地经营的风险，盘活了土地资源，同时还确保了农民在土地经营中的主导权，充分维护了农民的权益。

专家点评

党国英：土地信托要降低交易成本

中国社会科学院农村发展研究所研究员、
中国国际城市化发展战略研究委员会乡村建设专委会主任

观察一些农业发达国家，似乎并没有在农业领域出现过土地信托的做法，并不是说人家没有，我们就不可以有，我考虑的是我们为什么要这样做。如果说因为农户的力量小，和大公司谈判怕农民会吃亏，我注意到，水漳村案例中小户农民先期已经成立了土地股份合作社，而农民组织土地股份合作社就是要商量价格问题，这就已经发生了散户与大的有组织的单位的谈判问题，这是其一。其二，农业的周期比较长，如果信托机构起到了组织的作用，那么在第一、二年组织成功且秩序稳定后，信托机构就不用再做什么操作了，但水漳村的案例中，信托机构还是要在专业合作社每年的盈利中拿走10%的管理服务费，这种交易实质上就是规模经济。规模经济要算总账，此前内容说明农业最终的产出有10%在信托环节被分配掉了。

此外，我还注意到一个细节，这些土地本就是村民的土地，专业合作社经营的土地是从信托机构接转来的，而专业合作社的社员又都是村里人。也就是说，村民的土地经过股份合作社、信托机构到了专业合作社，并由部分村民耕种，相当于经过信托在村民中间绕了一大圈。同时，案例中也讲到，小农户搞专业合作其实无太大意义，效率很低，必须是大农户。那么，如果若干个大农户自己组成专业合作社，是不是也可以通过信托机构或直接与散户进行谈判？如果大农户可以直接与散户谈判，那就意味着土地信托这个架构还是没有摆脱散户通过谈判集中土地这样一个过程。如果说农民确实自愿以土地信托的形式来进行操作，那么在规模经济中按照降低交易成本的原则，农民其实可以直接参与谈判。

蔡继明：土地信托是目前唯一可取的操作模式

清华大学政治经济学研究中心主任、中国国际城市化发展战略研究委员会委员

新型城镇化涉及土地问题，但并不是所有的土地问题都直接与城镇化有关。我们所讲的土地制度改革包括三块地：一是征地。在城镇化和工业化进程中，城市发展需要占用农村土地，过去无论是公众利益还是非公众利益，我们都一律采取政府征收的形式，这与《宪法》相违背。《宪法》明确表示，国家为了公众利益的需要才去征收土地，但城市化和工业化并非都是公众利益，因此，这种征地制度要改，这涉及城镇化。二是农村集体建设用地。十八届三中全会明确要建设全国统一的建设用地市场，这与新型城镇化有关。三是农村集体建设用地中的宅基地该不该流转。随着大量农村人口进城，宅基地被闲置，闲置的宅基地本身也是建设用地，能不能通过增减挂钩或其他方式使它们进入建设用地市场？这三块地都与城市化有关。

水漳村案例是关于农业用地的，农业用地跟城市化并没有直接的关系。那么，水漳村案例的意义何在？我认为，应是农村集体土地在30年前被分田到户了，但都是小规模经营，一家一户平均不到10亩地，这相当于美国的1/400，欧盟的1/40，中国台湾、日本、韩国的1/4。凭借着这些土地，农民年人均收入是一亩地500元钱左右，这些钱不可能让农民脱贫奔小康，因此这些土地就通过流转的方式向少数人手上集中，从而达到规模经营的目的。那么流转的规模要达到什么程度？少说也要达到100亩，这就意味着农村大量的剩余劳动力要转移出来，这与城市化有关。农业劳动力水平的提高以及制度的改革允许农村集体土地进行流转，原有农民耕种土地规模扩大，剩余劳动力通过农业转移人口的方式进城，加快了城市化进程。

水漳村的土地信托是一种新的方式，它对城市化有何作用？原来那1600亩

地承载了许多农业人口，现在变成由圣水樱桃合作社经营，那么这1600亩土地吸收了多少劳动力？其他农业人口是不是从土地经营中脱离出来进入了城市？这是我要提的第一个问题，和中国的城市化有关。第二，案例中显示，这种做法避免了去农化和去粮化，确实避免了去农化，因为原本就生产樱桃、蓝莓，经过土地信托后继续经营樱桃、蓝莓，但并没有保证去粮化，因为没有种粮食。这个问题涉及土地信托只在这些领域才有盈利空间，否则假如这1600亩地仍然种粮食，那么仅凭着种粮食的收入，恐怕难以支付农民每年每亩1000元的土地流转费。这也带来一个问题，这种土地信托的方式以及其他的社会资本进入农村，到底盯着的是哪个领域？如果是纯粹的粮食生产，那么他们是否还有这个积极性？恐怕是没有。这就说明，目前我们的农业政策、粮食政策有待提高，如果说种粮食吃亏，那企业更不可能把钱砸在这里。因此我们要思考，通过什么方式才能保证真正的不去粮化？如果大量的资本进入了农村，却都是种樱桃、蓝莓、瓜果梨桃，那谁来解决我们的饭碗问题？

再回到刚刚党国英教授谈到的问题，1600亩地原本就是被合作社经营，只是出现了资金问题，现在所采取的土地信托，实际上就是农民将土地经营权交给了信托公司，信托公司又把经营权交给了合作社。为什么要在中间绕一圈？为什么1600亩地不能由农民自己经营？困难无非是资金问题。为什么我们的金融、政策不能直接给农业做资金支持？因为农村没有抵押物，无法贷款，因此，在目前我们这种制度、体系之下，特别是农地、宅基地制度没有进行改革之前，土地信托只能是唯一可取的方式。

杨海浩：土地信托是农村金融真正意义上的创新

正大（中国）投资有限公司总裁、中国国际城市化发展战略研究委员会委员

听了这个案例我很受启发，在农村土地制度彻底改革之前，土地信托确是一

种农村金融体制的创新，而恰恰农村金融体制创新在现实中也有非常高的需求。土地信托和我们曾经做过的工作有些类似，正大在建设峪口镇畜禽养殖基地时也需要土地、需要同农民打交道，政府在这一过程中起了主导作用，将龙头企业、农业合作社和金融机构拉到一起。虽然如此，却无法解决融资问题。怎么办？于是正大和平谷的国有公司——谷大公司共同成立了一个平台公司，这一平台公司就起到了类似信托机构的作用，由这个平台公司再去与银行融资。当时华北还没有土地信托机制，平台公司是我们为融资而绞尽脑汁想出的一个解决办法。由于当时的土地经营权无法抵押，所以我们又与农业合作社签订了一个20年不可撤销的产权协议，从而拿到了银行贷款。

如果说水漳村项目在华北已经得到了认可，在华北地区真正走得通，那么以后我们在华北做项目就可以直接找信托机构。土地股份合作社将土地流转出来后，使农民获得了保障，信托机构又对土地所有权和经营权做了保障，这与刚刚我谈到的平台公司具有相同的功能，但显然信托机构更中立，这是实实在在的农村金融体制创新。我认为，农村金融创新需要规范，这要解决几个问题：一是股份合作社由谁给登记的问题。二是信托机构要经过中国人民银行登记，这一点通过《信托法》是完全可以保证的。因此，土地信托是符合十八大以后土地流转的改革做法。

马庆斌：土地改革不妨让市场说了算

国家发展改革委中国国际经济交流中心处长、博士，
中国国际城市化发展战略研究委员会委员

在当下的中国，有一个人尽皆知的主题，就是改革，因为土地改革关乎中国的未来。大家都是改革大潮里的实践者，我能体会到水漳村改革的巨大压力，因为任何一个改革任务都十分复杂，改革中的很多问题有时更是想不到、看不到的，只能随机应变，因此，能坚持做下去关系中国的发展。

尽管案例中说“我们是依法合规地干”，实际上是不合法的，因为《土地管理法》中有一条规定：农村集体经营建设用地不能入市。前不久国家出台了拟将北京市大兴区等33个县区作为农村土地制度改革试点的文件，显示将向全国人大常委会申请暂停《土地管理法》中“农村集体经营建设用地不能入市”的条文，这说明我们允许改革，但并不是依法而是按照社会的发展需要在改革。这就产生了一个问题，为什么要改革？中国之所以能够是新中国，是因为“打土豪，分田地”，让农民翻身做了主人。但后来发现碎片化的经营虽然让农民吃饱了，却不能致富，因此我们还需要改革，这个改革就是“赢土豪，合田地”。今天的“土豪”是懂市场、懂经营的人，“合田地”不是把土地给了这群人，而是“三权分离”。这个改革从根本上维护了农民的利益，维护了我们每一个人的利益，因为也许今天你是城里人，但几年前或前几代，其实我们每个人都从农民中来，农民的问题不解决，中国未来发展的问题就无法解决。

我还要谈一点建议，水漳村案例发生在大城市边上，而中国更偏远地方的改革其实有更大的困境。作为改革前沿的广东、浙江，每年有六、七万亿元的GDP总量，而青海、甘肃的GDP只有两、三千亿元，差距如此之大！因此，我个人认为，现在改革的步子太小，还只是囿于一部分人。

此外，改革一定要按照市场化的原则走，各司其职，政府不能总是想要帮着管，这样农民永远怀疑你是不是干了什么坏事。最后是风险的问题，风险永远不会在甲乙两方产生，风险总是让企业承担，但世界上再牛的企业也有垮掉的一天，如果企业垮掉，谁来接盘？与其签订的协议也只能是一张空纸。因此，甲乙双方必须是多元化的。

（刊载于《城市化》杂志2015年第5期）

六、特色小镇

"美丽智慧乡村"集成创新试点建设的实践与意义

——以北京市平谷区大兴庄镇西柏店村为例

刘军萍　北京市城乡经济信息中心主任
白　晨　北京市城乡经济信息中心总工程师
王晓丽　北京市城乡经济信息中心副处长

党的十八大报告提出，坚持走中国特色新型工业化、信息化、城镇化、农业现代化道路，促进四化同步发展。同时提出把生态文明建设放在突出地位，努力建设美丽中国，实现中华民族永续发展。"美丽智慧乡村"建设是在新的历史时期，对如何推动新农村建设和生态文明建设有机结合的理论思考与实践探索，通过对农业、农村、农民全方位的服务与管理，从而实现农村生产、生活、生态的良性循环。

从2014年年初，北京市农村经济研究中心和平谷区政府选取平谷区大兴庄镇西柏店村开始建设并实施"美丽智慧乡村"集成创新试点项目，试图找到一条在广大农村落实十八大精神、建设美丽中国、推动农业和农村可持续发展的新路径。

一、建设理念

按照"生产发展、生活宽裕、乡风文明、村容整洁、管理民主"的新农村建设要求，"美丽智慧乡村"集成创新试点建设的目标是在广大农村地区落实十八大精神，通过系列农村生态文明建设工程实现“美丽乡村”，通过系列农业农村信息化应用工程实现“智慧乡村”，通过案例研究，实现美丽与智慧无缝衔接，树立共生理念，“美丽 + 智慧”是一体共生、一体共建的关系，根本目标就是打造升级版的社会主义新农村示范典型。

二、建设地点

西柏店村属于平谷区大兴庄镇，位于平谷区西部，大兴庄镇中北部。全村土地面积 1048 亩，其中设施农业 330 亩，林木用地 200 亩，养殖用地 200 亩，鱼塘 80 亩，村庄占地 238 亩。该村地处泃河流域，地貌以平原为主。

西柏店村共有 220 户居民（其中农业户 185 户），村内常住人口 707 人。西柏店村的发展特色是生态循环农业，主导产业是畜禽养殖和蔬菜生产，建有 4 个养殖小区，162 栋蔬菜大棚，年出栏生猪 15000 头，年产蔬菜 80 万公斤。

西柏店村充分利用本村的种养业资源，通过可再生能源技术，实现了以沼气为纽带的生态化循环发展。2007 年又引入食用菊花产业，打造一村一品专业村，推出了以食用菊花为原料的菊花养生宴，实现了种养经济高效化、农民致富生态化的循环发展。

三、建设内容

“美丽智慧乡村”建设围绕生产、生活、生态、社会服务四个方面展开，分为美丽乡村建设和智慧乡村建设两部分。在美丽建设方面，以改善农村生活、生态环境为目标，挖掘文化资源，改善村容村貌，用新理念、新技术提升外在形象。在智慧建设方面，以促进都市型现代农业发展、提升农村社会化管理水平为目标，将信息技术与农业生产经营、农村社会管理、农民生活服务有机融合，用新思维、新手段促产业发展，助农增收。2014 年完成一期建设，2015 年完成二期建设。

（一）美丽乡村建设

一期建设内容包括生活污水景观化处理和农村生活垃圾源头分类和资源化利用；二期建设内容包括村容村貌综合升级改造规划及实施。

1. 生活污水景观化处理工程

西柏店村原有一处生活污水处理设施，但由于缺乏专业的运行管理，该设施基本停运。村庄内生活污水、养殖污水、雨水未经任何收集处理而任意排放，对周围环境造成严重污染，已经成为制约西柏店村农业“循环经济”和建设“美丽乡村”的短板。针对这一问题，在原有基础上，采用由丹麦引进的生活污水景观化处理技术，通过芦苇及人工湿地中的微生物协同作用，降解污水中的有机物质，实现污水净化的功能。新建的处理系统维护简单、运行成本低、出水水质稳定，在净化污水的同时，营造了绿色景观。

2. 农村生活垃圾源头分类和资源化利用

在农村生活垃圾管理方面，北京市郊区普遍推行“村收集、镇运输、区处理”的模式。但是，这种模式会耗用大量的人力、物力、财力，占用土地资源，甚至会造成二次污染。因此，针对西柏店村的这一现状，开展了农村生活垃圾源头分类和资源化利用模式实践，实现垃圾的减量化、资源化和无害化。

3. 村容村貌综合升级改造规划

2015 年北京市农村经济研究中心特别邀请中国乡村规划建设研究院院长、中国著名的“三农”问题研究专家李昌平及其团队，为西柏店村的村容村貌综合升级改造制定规划。规划重点要做好院落改造、街道改造、大棚改造，完善标识系统、建设停车场和公共厕所等，将西柏店从“一季旅游”变为“四季旅游”，使农村在产业发展的基础上，让村容更整洁、村民生活更舒适。

（二）智慧乡村建设

一期建设内容包括美丽智慧西柏店综合服务平台（村级网站、手机 APP 网站、多系统管理平台）；设施大棚物联网智能监控系统；农产品溯源管理系统及数据采集终端 APP；村内视频监控系统；覆盖村域的无线网络接入环境、村委会局域网等六项工程；二期建设内容包括综合服务平台的升级优化；数据采集方式的优化；微信推广与销售系统；农民使用技能定期培训。

1. 搭建美丽智慧西柏店综合服务平台

此平台涵盖基于互联网的村级网站、基于移动互联的 APP 网站和集成的后台管理系统。村级网站作为西柏店对外宣传的窗口，立足“宣传、示范、推广”的功能定位，分别从村内资讯、走进西柏店、特色商城、智慧西柏店四个方面进行介绍与宣传。利用手机 APP 作为移动推广平台，向公众介绍西柏店村的村容村貌和特色产业。同时，将农产品溯源管理系统、大棚智能监控系统、村内视频监控系统和网站后台管理系统等进行业务整合、数据集成，实现单点登录，统一运维。

2. 开发设施大棚物联网智能监控系统

主要在村内 42 座设施大棚中实施物联网技术，运用传感器采集种植大棚中的空气温度、空气湿度、土壤温度、土壤湿度、光照、二氧化碳、生长图片及棚外气象等信息，为农业生产管理决策提供有效支撑。42 座大棚实现了生产环境数据的实时采集、分析、数据监控与预警；8 个大棚实现视频监控；2 座高端大棚中实现了远程自动控制灌溉、远程自动控制卷帘，达到了农业生产的智能化管理。

3. 开发农产品溯源管理系统及数据采集终端 APP

利用二维码等技术对西柏店拳头产品的生产信息进行追溯；通过建立食品溯源数据库，使用二维码溯源标识，搭建二维码溯源管理系统。通过开发手机数据采集 APP，实现实时查看大棚内环境监测设备的监测数据；远程控制灌溉及卷帘设备；查看大棚内的实时视频画面。同时，将各种农事活动通过手机终端记录后传送到食品追溯系统数据库中，实现远程运维。通过产品追溯系统，大棚内种植作物的日常农事操作过程都可以通过追溯系统打印的二维码全程浏览，提高了农产品的安全性。

4. 开发村内视频监控系统、搭建覆盖村域的无线网络接入环境和村务管理局域网在村内重点地区布设视频监控点，实现全天候村域内智能监控预警。在村委会、村广场、村公园、民俗接待户、设施大棚园区等地实现无线网络热点覆盖，并免费向村民、游客提供无线上网服务。布设基于村务管理的内部局域网，实现农村财务管理、农村“三资”监管等多业务系统的综合应用。

5. 搭建微信公众平台，开展“微”推广

2015 年，搭建了北京智慧乡村微信公众平台—乡慧，平台涵盖“知乡村妙、慧乡村事、话乡村游”三大板块，知乡村妙包括游乡村、品美食、住农家、来活动、购特产；慧乡村事包括智慧乡村、实景漫游、微信部落；话乡村游包括精彩分享、有奖活动等。以“花中偏爱菊—— 一年一度的西柏店食用菊花节又如期而至啦”为主题，开展微宣传与营销。

6. 智慧信息化系统升级巩固与培训

以加强现有试点应用与提档升级后台管理系统为目标，2015 年定期对西柏店村村民进行系统的物联网、新媒体、网上销售等知识的应用培训，提升村民的实用技能和知识水平，尽快适应互联网 + 时代对农业、农村和农民提出的新要求。

四、建设成效

（一）农业产业得到显著促进

西柏店村的主导产业是特色食用菊花，利用信息化手段，对特色菊花生产进行环境监测、远程控制、智能灌溉、网络销售等，促进了农村资源的高效利用，农民素质的快速提升，农业科技的推广应用，生产与消费的有效对接，土地产出率、资源利用率、劳动生产率有所提升。信息化与产业融合，利用物联网、二维码等技术实现生产全过程监控，农产品质量可追溯，让消费者买的更放心，吃得更安心。农民利用互联网和手机 APP 销售农产品，增收致富加快。

（二）农户收入得到明显提升

2013 年食用菊花种植户销售收入为 2 万～ 3 万元。2014 年项目完成后，西柏店村知名度有所提高，普通大棚种植户销售收入为 4 万元；安装物联网设备的试点大棚种植户销售收入为 5 万元。项目运行一年后，西柏店村及食用菊花知名度大大提高，2015 年，食用菊花较去年提前一个月销售完毕，价格较 2014 年增长 1 倍；普通大棚种植户每盒菊花最多卖 30 元，每户收入为 4.5 万元；安装物联网设备的试点大棚种植户收入同比增长 20%，同样规格包装的食用菊花，贴有二维码的每盒可卖到 50 ～ 60 元，每户收入达到 6 万元。

民俗接待与往年对比也大有不同。2013 年接待总收入近 50 万元；通过 2014 年的建设改造和大力宣传，使村里的民俗接待游客显著提升，2014 年总接待收入为 78 万元；2015 年民俗接待由原来的 8 户增加到 21 户，每户餐饮收入提高 1 倍，户均收入超过 10 万左右，总接待收入突破 200 万元。

（三）农村环境得到有效改善

生活污水景观化处理工程已经解决西柏店村生活污水的处理问题，形成的景观优美舒适，成为村民纳凉避暑的好地方。通过农村生活垃圾分类处理资源化利用，及对村内道路、环境进行整体治理，村民保护环境的意识增强，循环经济理念进一步深化，西柏店的生产、生活、生态环境明显改善，初步实现了美丽乡村。

（四）农村稳定得到有力保障

智能村内视频监控系统，覆盖全村的无线网络接入环境，村级网站的对外宣传，都为村民的生活提供了便利，在加强农村社会管理、化解社会矛盾、提高村民素质等方面也取得了良好成效，幸福指数大大提高。

（五）建设理念得到社会关注

2014 年 12 月，国务院副总理汪洋、北京市委书记郭金龙、市长王安顺、农业部部长韩长赋等领导先后到西柏店村调研，对美丽智慧乡村的建设内容和效果给予了充分肯定，认为西柏店用实践证明，生态循环加科技的路子是对的，有效促进了三次产业的融合，可推广应用。

（六）建设模式得到广泛推广

2014 年试点建设取得阶段性成果后，经过模式探索、经验总结、功能提炼，2015 年，北京市农委发文（京政农发〔2015〕6 号）将美丽智慧乡村建设列入“2015 年农业领域专项转移支付整合资金”农业重点领域建设项目，在 50 个乡村推广“美丽智慧乡村”试点建设模式。目前已经在房山区周口店镇黄山店村、门头沟区妙峰山镇涧沟村、密云区巨各庄镇蔡家洼村、大兴区青云店镇东辛屯村示范推广。

五、探索与思考

（一）美丽智慧乡村建设是实现生态文明建设的新抓手

党的十八大提出“五位一体”建设总布局，纳入生态文明建设，提出要从源头扭转生态环境恶化趋势，为人民创造良好生产生活环境。习近平总书记指出：“我们既要绿水青山，也要金山银山。宁要绿水青山，不要金山银山，而且绿水青山就是金山银山。”因此，各级政府在新农村建设过程中，要按照绿色发展理念，树立大局观、长远观、整体观，把生态文明建设当成核心竞争力来经营。美丽智慧乡村建设正是这一理念的具体实践，西柏店村以生态建设为基础，以循环农业为核心，实现了农业生产低消耗、高效益、低投入、高回报，实现了农业与食品加工业、休闲旅游业深度融合，取得了生态、经济、社会效益三丰收。

（二）美丽智慧乡村建设是保障食品安全的新手段

党的十八大提出：要提高人民健康水平，改革和完善食品药品安全监管体制机制。作为一个普通市民，大家对食品安全的辨别能力非常有限，各级政府在这方面要加大监管和宣传力度，用信息化这种新手段，实现农产品的质量安全追溯。美丽智慧乡村建设，通过物联网、视频监控、产品溯源等信息技术的应用，大大规范了农业生产的操作环节，精准的环境参数有效控制病害的发生，科学施用农药，降低了生产成本和风险，提高了食用菊花和蔬菜瓜果的有机品质，解决了人们最关心的食品安全问题。

（三）美丽智慧乡村建设是促进农民增收的新路径

2015 年中央一号文件《关于加大改革创新力度加快农业现代化建设的若干意见》中指出，中国要强，农业必须强；中国要美，农村必须美；中国要富，农民必须富。如何在经济增速放缓背景下继续强化农业基础地位、促进农民持续增收，是当前必须破解的一个重大课题。美丽智慧乡村建设，利用物联网、互联网、移动互联网等技术，让传统农业插上了信息化的翅膀，提高了农产品的附加值，扩大了宣传效应，让农民深刻感受到了科技所带来的实惠。据不完全统计，2015 年 10 月、11 月两个月时间，西柏店村接待游客 2 万余人次，是 2014 年的 3 倍；单日接待游客最高达 1000 余人，是 2014 年的 4 倍；食用菊花较 2014 年提前一个月销售完毕，价格较 2014 年增涨 1 倍；同样规格包装的菊花，没有二维码的每盒最多卖 30 元，贴有二维码的每盒卖到 50 ~ 60 元。

（四）美丽智慧乡村建设是提升乡村治理水平的新载体

乡村治理是国家治理的基层基础，是综合治理、源头治理的重要组成部分。

通过美丽乡村建设，建设农民美好生活的家园，让留在农村的农民能够享受更好的环境；通过智慧乡村建设，以“生态农业、智能生产、现代生活”为突破口，采用信息化手段，实现治理方式现代化。通过在村内主要街道、园区、村广场布设视频监控点，实现全天候村域内智能监控预警，有效减少治安案件发生，提高村庄治理水平。通过无线网络的热点覆盖，村民和游客免费上网更加便利，业余文化生活更加丰富，提高了农村公共服务质量，缩小了城乡公共服务差异。

（五）美丽智慧乡村建设是构建都市型现代农业的新典型

都市型现代农业的发展方向是集农业生产、生态建设和愉悦身心于一体，承载生命科学、生物技术、工程技术、信息技术等前沿科技成果，是市场化、集约化、科技化、产业化和信息化的新型农业。北京市作为特大城市，且随着京津冀协同发展战略的实施，未来北京的农村不仅仅是农民的农村，还是京津冀地区市民的农村；不仅要服务农民，还要服务市民；不仅要实现宜居，还要实现宜看。美丽智慧乡村建设，恰好主动适应了城乡一体化发展，以服务城市、改善生态和增加农民收入为宗旨，实现功能多样化、设施现代化、生产标准化、产品安全化、景观田园化、环境友好化，成为都市型现代农业新农村示范新典型。

（六）美丽智慧乡村建设是社会主义新农村建设的新版本

党的十六届五中全会提出建设“生产发展、生活宽裕、乡风文明、村容整洁、管理民主”的社会主义新农村的目标。美丽智慧乡村建设既秉承和发展了新农村建设的宗旨思路，又丰富了其内涵实质；不仅要美丽，整治村容村貌，改善乡村环境，做好生态保护；还要智慧，切实加强信息化基础设施建设，缩小城乡数字鸿沟，帮助农民实现“弯道超车”；更重要的是要“留得住青山绿水，记得住乡愁”，从而实现传统农业向现代农业转变、传统乡村向美丽智慧乡村转变、传统农民向现代农民转变。

专家点评

杨建平：西柏店村案例在中国乡村改造建设中值得推广

中国国际城市化发展战略研究委员会委员、国际城市经济发展研究员

西柏店村是北京市第一个美丽智慧乡村建设试点，具有北方村庄的代表性，两年多的实践和成效验证了美丽智慧乡村这种建设模式的科学性和可行性。我们认为这种模式可以在适宜的农村地区进行推广，而建设的标准涵盖四点：即生态安全、环境友好、绿色产业、“互联网＋乡村”，四个方面有机结合，共同构成了美丽智慧乡村建设模式的基石。

本案例以北京市平谷区大兴庄镇西柏店村的改造建设为背景，分析了一个典型的基础农业乡村在传统产业转型、现代技术参与、生态系统改造等方面的现象，进而推出“美丽智慧乡村”集成创新试点的理论。案例论点明确，事实清楚，介入方法有效，是可以在中国乡村改造建设中值得推广的。

我认为，尽管国家每年都会在“一号文件”中重点提出对“三农”的支持和建议，但是，目前我国农村的发展比较其他产业和社会的发展还是显得差距太大，有些差距甚至引发了贫富差距和新阶级的出现，形成了一些贫瘠不可逆转的社会现象。

《“美丽智慧乡村”集成创新试点建设的实践与意义》在介入现代社会因素而改变农村现状方面给我们提示了一条出路，希望关心新农村建设的人们通过这个案例，深层次地理解中国农村改革如何与中国城市改革同步进行，避免农村不良生态拖住现代城市发展后腿的问题。

（刊载于《城市化》杂志 2016 年第 12 期）

长沙县浔龙河生态艺术小镇：城乡融合发展的特色小镇

柳中辉　湖南省长沙县果园镇浔龙河村党支部书记

一、背景起因

党的十八大召开以后，新型城镇化建设被提升到了国家战略层面。新型城镇化就是要以城乡统筹、城乡一体、产城互动、节约集约、生态宜居、和谐发展为基本特征，推进大中小城市、小城镇、新型农村社区协调发展、互促共进。2014年全国两会，李克强总理在政府工作报告中更是明确提出了城镇化的工作目标："今后一个时期，着重解决好现有'三个1亿人'问题，促进约1亿农业转移人口落户城镇，改造约1亿人居住的城镇棚户区和城中村，引导约1亿人在中西部地区就近城镇化。"

新型城镇化是促进内需、拉动消费，实现经济新一轮增长的必然要求。在投资、出口等经济增长引擎动力不足时，以"大交通带来大物流，大保障带来大民生，大数据带来大网络"为基础的新型城镇化着力于构建大格局、大平台的建设，发展现代农业、休闲旅游、文化创意等产业，从而为"大休闲"时代的"大消费"提供载体。

新型城镇化是破解"三农"难题的根本途径。党的十八届三中全会明确提出，"城乡二元结构是制约城乡发展一体化的主要障碍，也是我国'三农'问题的症结所在"。新型城镇化的根本目的就是要打破城乡二元结构，促进城乡互动、融合，它可以在盘活农民土地上破题，改革农村产权制度，使土地资源资本化；它可以通过引入工商资本下乡，构建新的农村产业结构，促进农民就业安置；它可以促进公共服务城乡一体化发展，让农民就地市民化，过上富足而又有尊严的生活。

二、主要做法

浔龙河生态艺术小镇项目，按照“城镇化的乡村、乡村式的城镇”的发展目标，走出了一条城乡融合发展的新路子。其创新亮点主要表现在：

（一）坚持创新改革，破解要素难题，奠定生态小镇建设的坚实基础

特色小镇建设不同于传统的城市化进程，它要求必须遵循科学规律，加强顶层设计，大胆创新，统筹推进相关配套改革，整合盘活多种要素资源共同参与。浔龙河生态艺术小镇从建设之初，就不断寻求突破创新，形成了突出的“创新推动”特色。

一是推进土地改革，挖掘乡村资源价值。2010 年，浔龙河村率先完成土地确权，明晰了土地产权。之后，村成立土地合作社，根据依法、自愿、有偿的原则，对村民土地进行集中流转后再统一流转给浔龙河公司，推进农业的现代化、规模化经营。积极推行土地增减挂钩，依据该政策，可通过腾退的农村建设用地，等面积置换城镇新增建设用地指标，并明确将土地增减挂钩置换用地土地收益全额返还，用于项目区内农民搬迁安置。通过土地增减挂钩政策推动村民实行集中居住，农民可实现旧房换新房。新房具有集体土地产权证和房产证，可抵押融资，具有资产价值。实施集体经营性建设用地上市交易试点，由村集体成立资产管理公司，对 300 亩集体经营性建设用地进行经营，获得长期收益对村民进行分红。

二是实施多规合一，确保科学发展。项目形成了以民生规划、生态规划、产业规划、建设规划、土地利用规划多规合一的规划体系。民生规划充分考虑当地百姓的需求，从改善生活品质、提升居住质量、劳动就业、教育医疗、社会保障等各个方面进行全面的规划，并制定详细的可落地方案。生态规划是在坚持“环

境友好、资源节约”的基础上，坚持不破坏生态环境、不减少耕地面积的原则，确保“看得见山、望得见水、记得住乡愁”。产业规划是在分析本地区的交通区位、资源、市场需求等基础上，确定项目发展生态农业、文化、教育、乡村休闲旅游和市民农庄等农业综合产业。建设规划则邀请了国内外一流的规划设计机构，确定了较高的标准，将把浔龙河项目打造成为国际一流的文化、艺术、生态小镇。土地规划则是根据产业发展和建设的需要，在坚持保护耕地和生态环境的原则下实现对土地的混合运营，形成了耕地全部保留、林地基本保留、建设用地则根据环境的需要呈点状、带状布局土地利用规划形态。

三是创新了发展模式，形成建设合力。项目形成了以“企业市场运作、政府推动和监督、基层组织全程参与、民本民生充分保障”的全新模式。明确政府作为项目区内水、电、路、气、网等基础设施，幼儿园、学校、医院、文体中心等基础公共配套设施、农民集中居住区基础设施的实施主体，其资金来源为项目区国有商业用地的土地收益返还及中央、省、市、县各级涉农资金和城乡一体化项目资金，并发挥对项目的监督职能；企业作为招商引资、产业建设运营的主体，其资金来源为企业自有资金、市场融资和银行贷款。明确村委会作为村民集中居住搬迁安置的实施主体，其资金来源是增减挂钩置换的土地收益返还资金。

（二）坚持以人为本，推动民生改善，实现村民就地城镇化

城镇化的关键在于人的城镇化，只有打破城乡二元结构，解决农民居住、就业、发展等问题，才能调动广大群众参与城镇化的积极性。浔龙河生态艺术小镇建设过程中，始终以人的需求为核心，着力推动本地村民就地居民化的同时，不断拓展村民的增收渠道。

一是推进乡村基础设施城镇化。浔龙河生态艺术小镇通过推行“农民集中居住、环境集中整治、公共服务集中推进”，促进城市资本向农村聚集、城市公共服务向农村覆盖、城市基础设施向农村延伸、城市现代文明向农村辐射，完善水、

电、路、气、网等基础设施和学校、医院、污水厂、垃圾站、公交车站、农贸市场、文体公园等配套公共服务工程。

二是推进当地村民就地市民化。综合利用土地改革、户籍制度改革等政策，做足土地文章，推进村民就地市民化。村民集中居住区按照“宜居宜业”、“两型生活”的要求，充分考虑村民生活习惯和长远生计需求，按照“前临街道下有门面，后有院子旁有菜地”的标准进行设计，建成具有一定综合承载能力、生态宜居的集中居住区，夯实村民就地市民化的基础，

三是推进农民的资源资本化。对农民的土地经营权进行流转，按照耕地 600 斤谷每亩每年、林地 150 斤谷每亩每年、水塘坡土 200 斤谷每亩每年的价格实施土地流转，以当年国家制定的粮食保护价（早、晚稻收购价平均）折算成现金进行支付，按照 2014 年的粮食收购平均价 145 元 / 百斤计算，平均每人每年可获得 2090 元的现金收入。对农民的宅基地使用权进行置换，按照长沙市政府 103 号令拆除旧房，户均可获得 59 万元的补偿，新房按 1—3 人户按 210/m^2 建筑面积的基准分配，每增加 1 人则增加 70m^2，以一楼商铺 1300 元 /m^2、二楼三楼住房 800 元 /m^2 的价格购买，购得新房并装修后农民还有盈余。新房具有资产价值，商铺和住房均可以出租，租金为商铺 18 元 /m^2 每月、住房 10 元 /m^2 每月。仅商铺出租村民每年可收入 2 万多元。让农民的集体土地收益分红权实现价值，村集体对 300 亩集体经营性建设用地进行经营，建设停车场、加油站、民兵训练拓展基地、民营的学校等经营性项目，所得收益按照股份对村民进行分红。

（三）坚持村企共建，创新社会治理，推动村企融合发展

按照十八届三中全会提出“健全城乡发展一体化体制机制”的总体要求，浔龙河生态艺术小镇采取了“村企共建”的模式，逐步形成“以企带村、村企融合、互利共赢”的长效机制。

一是村企共建党建。充分发挥党的领导核心作用，以党建带村建、企建，推

进村企“组织共建、党员共管、阵地共用、活动共抓、发挥共促”，组成了精干、有战斗力的团队。为加强党员队伍管理，两套支部按照“精细管理、规范提高、分类指导、全面推进”的工作思路，创新运用履行义务、完成任务、奉献服务为主要内容的党员“三务”分类积分管理考核模式，全面实施“党建 + 经济、党建 + 社会治理、党建 + 文化、党建 + 民生、党建 + 生态”等“党建 +”计划，党员的素质不断提升。通过运用“O2O”服务平台，打造集意见收集、问题转办、信息反馈等功能于一体的便民服务系统，强化“线上”问题“线下”解决，做实线下服务平台，及时为群众排忧解难、答疑解惑，切实增强党组织在群众中的影响力和号召力。

二是完善治理机制。完善了以党的领导为核心，以自治组织、监督组织为基础，以群团组织、经济组织、社会组织为补充村级治理组织体系，制定《村民公约》，建立村民信用评价体系，全面推进“依法治村、诚信立村、产业兴村、文化强村”。建立四级民主决策机制，形成了党支部提议、支村两委扩大会议商议、村民议事会审议（或决议）、村民代表大会决议和议事过程公开、实施结果公开的“四议两公开”对重大事项实行村民公投，项目建设至今，举行了三次重大事项的全村村民公投大会，群众支持率均在 97% 以上。

三是推进文化繁荣。把企业文化建设与乡风民俗建设结合起来，通过目标共建、设施共享等形式，实现先进企业文化与优秀乡村文化的渗透融合、共同发展。重点围绕四个推进：推进目标共立，既引入企业的先进文化，又吸纳了当地的优良文化传统，共同确立村企一体的核心价值观，增强群众的向心力和凝聚力；成立文化艺术团、老年协会、书画协会等组织，村企文化能人实现抱团发展；推进资源共享，加大对本土文化的挖掘整理，拍摄了《浔龙河》电视剧，撰写了长篇小说《浔龙河传奇》，编写了《浔龙河村志》，形成具有当地文化特色的节目。这些资源不仅是研究当地历史文化的重要资源，也成为企业发展文化旅游产业的宝贵财富。

（四）坚持市场主导，做特做强产业，形成项目发展的核心驱动力

推进新型城镇化，关键在于充分调动企业的积极性，使市场在资源配置中起决定性作用，浔龙河生态艺术小镇以企业为主体，运用市场思维进行规划设计、资金运作、平台搭建等，因地制宜做强做特产业。

一是坚持企业主导，对资源进行统筹配置。项目是由民营资本发起运作的，公司充分利用市场资源优势，主导了项目的顶层设计、资金运作、政策平台搭建、土地规划调整等要素破题，并负责项目区内的产业发展，最终形成了对土地资源、生态资源、人文资源的合理配置和综合利用，发挥出了项目建设的主力军和先锋队的作用。

二是突出供给侧改革，形成互为依托、相互促进的产业体系。充分研究市场需求，规划了具有比较优势、有市场空间、有就业吸纳能力，一、二、三产协调发展的完整产业体系。目前，以蔬菜、花卉苗木和果木基地等为主的生态农业，不施用农药、化肥，生产健康绿色食品，为小镇居民和游客提供安全食品；以麦咭启蒙岛乡村儿童主题公园、地球村、农业观光、养生度假等为主的乡村旅游产业为项目聚集人气，拉动消费；以亲子教育、童勋营青少年国防素质教育、北师大合作建校等为主的教育产业，形成固定消费人群；以汉语桥、民俗文化、动漫产业、麦咭梦工场等为主的文化产业提升小镇的艺术气息和品牌影响力；以个性化、私人订制、众筹地产为特色的市民农庄，引导市民下乡居住，满足品质化生活需求。

三是坚持互联网思维，形成众筹众创的发展模式。一是坚持平台思维，将浔龙河生态艺术小镇打造成为吸引高端特色产业入驻的开放平台，筑巢引凤。立足自身优势，坚持高起点、高标准筛选，通过开放合作，设计创业项目，吸引创客投资。浔龙河文旅公司与金鹰卡通频道联合打造麦咭启蒙岛乡村儿童游乐园项目，对其中的100多个乡村游乐项目和50多个美食项目采取了众筹众创的方式，吸引上千名不同的创客投资，汇集了大量的创意、特色产品和资金。坚持极致思维，

以工匠精神做产品，把最好的、最有特色的产品呈现给消费者。浔龙河“好呷街”的美食是湖南省各地最有特色的代表小吃，“地球村”甄选国内外最具代表性的区域，将建筑、美食、文化特色完美融合；麦咭启蒙岛项目设计了孩子们最喜欢的游乐项目，与乡村、自然相结合，对投资人实行严格的考核，确保项目运营安全、可靠；生态农业种植则坚持不使用化肥、农药，全程绿色生产，让大家吃出“儿时的记忆、妈妈的味道”。

三、创新之处

一是开创了城乡统筹发展的新模式。项目按照“企业市场运作、政府推动和监督、基层组织参与决策、群众意愿充分表达”的建设模式，充分整合了政府、市场和农村资源，使政府行政资源、项目资源，市场资本资源、人才资源，农村自然资源等要素得到了最大限度的释放，激发了农村发展的内在动力，为彻底解决“三农”问题进行了卓有成效的探索。

二是积极探索了农村土地改革。先后开展了土地确权、土地流转、土地增减挂钩和集体经营性建设用地同价同权试点等农村土地综合改革，实现了土地混合运营，逐步推进农村土地资源的资产化、资本化，大大提升农村土地价值，有效增加了农民收入。

三是率先实施了多规合一。项目形成了以民生规划、生态规划、产业规划、建设规划、土地利用规划多规合一的规划体系，形成规划之间的相互协调推进，做到了规划的可落地、可实施。

四是创新了乡村社会治理。完善了以党的领导为核心，推进村企共建党建工作，形成了以自治组织、监督组织为基础，以群团组织、经济组织、社会组织为补充村级治理组织体系，全面推进“依法治村、诚信立村、产业兴村、文化强村”。

五是形成了乡村产业发展的新格局。坚持企业主导，对资源进行统筹配置，充分研究市场需求，规划了具有比较优势、有市场空间、有就业吸纳能力，一、二、三产协调发展的完整产业体系，布局了生态产业、文化、教育、乡村旅游和乡村地产五大产业。

四、经验与启示

（一）在顶层设计上要处理好四化同步、三产协调、两种路径的关系

浔龙河项目无论是在宏观政策层面，还是在微观项目操作方式上，都十分注重顶层设计的科学性和规划的引领、支撑作用，从而避免了推进的随意性和发展的碎片化。该项目以现代农业为基础，促进了农业增效和农民增收，实现了村民“离土不离乡，就业不离家”；按照智慧村镇标准，加强信息化建设，为推进新型城镇化提供了有力支持，最终实现四化同步发展。新型城镇化的发展过程是各种生产要素向城镇集聚、结构重组的过程。项目充分挖掘自身山水秀美、地处近郊等优势，以现代农业为基础产业，顺势延伸产业链条，构建集教育、休闲旅游、文化创意、乡村地产等于一体的现代产业体系，实现了三产协调。浔龙河项目的建设离不开长沙县工业经济大发展的核心带动，但与单纯的城市边界向农村扩张，农村被动接受要素结构、生产方式、生活方式调整的外延式城镇化模式不同，其展现更多的是一种政府引导推动下，社会资本参与，农村主动调整结构，与大城市形成功能互补、资源共享、良性互动的内生式新型城镇化模式。实践证明，以农村区域居多的农业大省在推进新型城镇化过程中，既要注重提升大中城市经济首位度，又要探索因地制宜、趋利避害、顺势而为的小城镇建设路径，形成大中小城市、小城镇两种路径并驾齐驱，协调发展的良好格局。

（二）权责归属上要处理好政府、企业和群众的关系

明确政府、企业和群众三方主体权责，进而形成建设合力，是项目在建设推进过程中取得的一个重要实践经验。该项目建设中，政府加快职能转变，以政策引导和推动为主，在规划布局、基础设施建设、基本公共服务提供、生态环境保

护等方面起主导作用，同时整合多种资源，加大政策支持，有力地推动了项目建设。浔龙河公司是项目产业的建设者，通过将资本与农村现有资源进行有效融合，为经济发展注入了活力，提高了城镇化效率和质量。群众既是新型城镇化的直接参与者，也是主要受益者。实践证明，推进新型城镇化，要合理厘清政府行为边界，既不能“大包大揽”，也不能“该管不管”。要充分尊重企业市场行为，采用市场运作形式，以提高城镇化建设质量和水平。要充分了解民意，集中民智，维护群众权益，发挥群众的积极性和创造性，真正做到让群众平等参建、共享成果。

（三）利益关系上要处理好产权、投资和分配的关系

浔龙河项目推进过程中，地方政府积极引导企业遵循市场机制不断壮大规模，提升产业层级和区域辐射能力，带动产业、消费结构升级，为未来培育稳定、可持续增长的财源打下了基础，推动基础设施和基本公共服务不断延伸，也赢得了良好社会效益。企业在政府政策引导、配套设施完善的基础上，拓展市场空间，可以获得预期的资本回报。群众通过获得土地集中流转带来的固定收入、城镇化带来的就地就业机会以及合理的集体资产经营分红等，实现了经济收入、生活水平的有效提升。浔龙河项目建设经验表明，推进新型城镇化，不能仅仅依靠制度刚性约束力，还需建立合理、稳定、可持续的发展红利分享机制，营造良好的多方共赢、红利共享发展模式，才能有效激励各方主体，确保政府、企业、群众参建的积极性。

（四）发展方式上要处理好民生、产业和建设的关系

浔龙河项目的顺利推进很大程度上得益于很好地理顺了民生、产业和建设的关系：民生方面，土地资产化后农民有了稳定的收入，项目推进提供了大量就业岗位，实现了就地就业，养老等群众最为关心的问题也有了解决方案；产业方面，依据市场，建立了具有比较优势、有市场空间、有吸纳就业能力，一、二、三产协调发展的完整产业体系；建设方面，政府先行投资完善公共基础设施，改善人居环境，企业专注投资产业，创造盈利预期，二者的良好合作增强了群众参建的积极性和热情。实践证明，新型城镇化的核心必须是人的城镇化，必须以改善民生为立足点，提升城乡居民生活品质，促进城乡基础设施一体化和基本公共服务均等化。必须坚持产业带动，把为农民创造均等的就业机会作为可持续发展的重要保障。必须坚持以重点项目建设为突破，形成有效示范，特别是应以投资效率高、带动效应大的项目建设为突破口，以点带面，推动基础设施、公共服务城乡一体化。

（五）破解要素瓶颈上要处理好土地、人才、资金的关系

在推进新型城镇化时，要加大创新力度，通过土地制度创新释放改革红利，在确保耕地不减、粮食安全不受影响的前提下，建立健全城镇土地流转机制和城乡统一的土地市场体系，深入实施土地出让、租赁、作价入股等多种方式相结合的土地有偿使用制度改革，加速土地流转，盘活土地资产，为农业增效、农民增收提供良好保障。要形成合理的激励机制，鼓励、吸引城市有技术、懂管理的技术和经营型人才“上山下乡”。要重视农民向市民转化过程中就业方式改变所带来的教育、职业技能培训需求，加大职业教育培训力度，帮助其增强就业竞争力。要进一步完善政府引导、市场运作的多元化投融资体制，鼓励和吸引社会资本全面参与新型城镇化建设。要坚持“谁投资、谁受益”的原则，形成合理投资回报，使社会资本乐于下乡。同时，要建立科学系统的“资本下乡”公共风险评估机制，避免出现与民争利的掠夺式“资本下乡”。

（刊载于《城市化》杂志 2016 年第 12 期）

特色小镇特在创新，创新要看聚集人才

——解读广东首批特色小镇北滘镇

李津逵　中国（深圳）综合开发研究院资深研究员
中国国际城市化发展战略研究委员会副主任

特色小镇的“特色”指的是什么？为什么要培育特色小镇？如何培育出小镇的特色？按照2016年住建部、发改委、财政部关于培育特色小镇的通知，到2020年全国要培育1000个左右特色小镇，一些省份也据此提出2020年要培育100个左右特色小镇的目标，“特色小镇”概念风靡大江南北。

世界上杰出的事情几乎没有靠贯彻落实做出来的，特色小镇到底是“要我做”还是“我要做”决定了小镇有没有生命力。如何形成“特色鲜明，产业发展，绿色生态，美丽宜居”的特色小镇呢？让我们尝试解读一个案例，就是荣膺广东省首批国家级特色小镇第一名的顺德北滘镇。

一、经济强镇的困惑与政府的抉择

北滘镇位于顺德区北部，古称百滘，因为“百河交错、水网密集”。镇域92平方公里，常住人口26万，其中户籍人口11万，九个居委会十个村委会。就是这样一个27万人口不足百平方公里的地方，改革开放30年来涌现出著名家电企业美的集团和房地产企业碧桂园集团和大批中小企业，成为珠江三角洲农村工业化的典范。同样，北滘也突出地表现出珠江三角洲地区普遍存在的“半城市化”“产城分割”等问题。

2007年北滘镇委托中国（深圳）综合开发研究院对镇域经济社会开展研究，

发现北滘镇产业集中度过高：在所有产业中制造业独大；所有制造业中家电独大；在家电制造中美的独大。企业边际利润递减，城市环境跟不上产业发展，严重影响了北滘对人才的吸引力。镇委镇政府由此提出了“智造北滘，魅力小城”的奋斗目标，并开始探索如何发挥政府作用推动北滘走上产业转型，城市升级之路。

当时，正是“创意产业”概念如日中天，北滘如果发展创意产业，应当依托什么资源、从什么产业切入，才能有效推动镇域产业城市的转型升级呢？

1. 家电产业：北滘的家电产业总产值占顺德家电业总产值的四成以上，占全国的6%，家电产业如何从“顺德制造”走向“顺德创造”亟待破题；

2. 旅游产业：北滘拥有中国历史文化名村碧江，是典型的岭南乡村，其中“金楼”是顺德新十景之一。北滘还拥有碧桂园度假村这样的旅游资源。

3. 高端休闲：北滘拥有君兰国际高尔夫球场，可以在此基础上延伸产业链，而高端休闲产业在广州佛山都市圈大有前景。

4. 农业观光：北滘紧邻陈村花卉大世界，花卉产业、精品养殖都有基础，这也是北滘产业的重要特色，农业观光对于都市人群具有强大吸引力。

按照当时发展创意产业的上位规划，北滘镇应该发展创意旅游。镇里也确实内引外联，围绕着碧江金楼开展了一系列创意文化旅游活动，由于区位、交通、市场等等方面的原因，一年下来创意旅游成果差强人意。

“我们要的就是这个”

一年的时间里党委和政府班子上下求索，在各地广泛考察中他们发现工业设计对于顺德的家电制造业有可能起到引领和催化的作用。恰在这个时候省委主要领导视察北滘时专门提到要看一看北滘的工业设计，这就更加坚定了北滘镇委镇政府的信心，于是决定引进运营商，设立创新园，将工业设计培育为北滘的创新产业。

2008年12月7日签订协议书，由运营方选择设计师主导改造装修，北滘镇以“争夺摩天岭的速度”承诺在40天之内向运营方提交改造完成的场地。

创新在本质上是自下而上的自由创造，而政府兴办的创意产业园是财政补贴、政府主导的公共品，如何使公共平台高效而持续地聚集生产性服务业、支持民间的创新，一个重要手段就是引进有经验、有资源的民营企业作为运营商来提供专业化的服务。由于30年来招商引资发展工业的路径，地方政府习惯于以优惠的资源价格吸引外来投资直接创造产值与税收，政府为创新产业的发展提供公共服务可以通过税费减免、基金扶持、财政奖励、举办会展等多种方式，而财政购买运营商服务的做法完全是一种新模式，政府内部能否形成统一认识决定了园区能否成立并健康成长。购买运营商的服务作为一种供给侧改革，需要在政府内部形成新的共识，需要眼光与担当。

二、一个特色小镇的萌生

北滘镇周围1小时车程范围，聚集了中国最大的家电制造集群，有超过万亿的工业产值。这个典型的“中国制造”地带向“中国创造”转型，工业设计可以发挥的作用不可限量。北滘镇看准了工业设计园的功能，力争做到最好，他们给自己设定了一个目标，就是在北滘镇的工业区规划出2.8平方公里范围，建设“广东工业设计城”。“广东工业设计城”内将布局工业设计博物馆、设计广场、设计师公寓等等项目，使北滘这个家电重镇装上一个创新驱动的引擎。这个大胆的设想加上脚踏实地的实践立即得到顺德区和广东省有关部门的支持，进而得到了国家有关部委的支持。同一时期，发展工业设计已成为珠三角众多地方的共识，有些地方侧重于举办工业设计的会展活动，但“有会无庙”；有些地方将工业设计与其他文创产业整合在一个园区，但“三教齐辉”，主题不突出。北滘则以兴办园区发展产业，并坚定不移地把园区功能定位在工业设计，把建设全国最具规模的工业设计园作为奋斗目标，因此广东省将“广东工业设计城”的称号授予了北滘镇。

通过省区共建、部省共建，“广东工业设计城”正式挂牌，由镇政府成立的广东工业设计城有限公司与运营主体同天公司共同规划建设运营，针对了北滘镇家电重镇的产业特色，彰显了以工业设计引领创新的时代特色，“广东工业设计城”不是建制镇，而是一个嵌入在建制镇中的特色小镇。

特色小镇设在哪里？

北滘的地理环境是顺德的缩影：自西向东有大河联通、从北向南有国道纵贯，105 国道穿过了容桂、德胜新区、大良、伦教进入北滘，沿途经过了北滘的工业区、老城区、新城区和碧江村。工业设计园设在哪里最合适呢？今天我们可以解读为特色小镇的选址策略：

1. 碧江村：这里有碧桂园度假村、碧江金楼、几座闲置的祠堂可以发展创意产业，村落与村级工业园之间有广珠轻轨的碧江站。

2. 新城区：这是北滘镇 20 世纪 90 年代开始规划建设的一个道路整齐、基础设施完善的城区，历经几届政府，成片完成了通平却并没有急于开发，被一位知名地产企业负责人称赞为“可怕的顺德人”。未来广佛地铁将在这里设站，这个片区环境档次高，但附近缺少工厂。

3. 老城区：20 世纪 50 年代末设立“北滘人民公社”时开始兴建的城镇居民区，生活服务完善，但仅有一栋空置的办公楼可以利用。

4. 工业区：这里是 105 国道与快速干道三乐路交汇的地带，物流、交通方便，一条工业大道，两侧是成片的厂房，美的集团的工厂区就在这里。虽然环境嘈杂，但是有 8 万平方米的闲置多层厂房是镇属物业。

工业设计园设在哪里都有道理。设在碧桂园便于设计师的生活，碧江村可以依托老祠堂和旅游业，新城区环境好品质高，老城区生活配套完备。如果设在工业大道，则设计师就可以非常便利地与制造企业对接。经过反复的权衡比较，镇里决定用位于工业区的工业大道旁 8 万平方米的闲置厂房开设工业设计园。

这样一来，在一个工业重镇丰富多彩的格局中，选中环境条件最差但又最接近传统产业的地方，将闲置厂房以通过设计营造出创新平台，而不是在一片空地上投资新建道路楼宇，这种异军突起的方式低冲击、低成本、高速度、高效率，并且与新城区、旅游度假区错位发展、相互呼应，为整个城镇棋局布下了一招妙子。

三、特色小镇催化创新生态

广东工业设计城稳健运行，2016年园区实现产值5亿元。按照工业设计对制造业的带动1：103（清华大学的测算），意味着有500亿的产值是经过工业设计产生的。与此同时，创新创业在工业设计的催化下出现良好的发展势头：

广东工业设计城已经成为在顺德、佛山、广东和全国具有影响力的创新园地，广东省省长杯、清华大学设计周等活动持续在北滘举办，全国高校的设计专业研究生每年到北滘实习，特色小镇在大都市圈扮演了不可替代的功能。

更多的设计师已经从用户体验开始设计，从拷贝式设计转向了原创式设计；一些设计师开始重组从设计到市场的全要素链，成为家电产业中的“鲶鱼”；日益增多的中小企业开始到设计城主动寻求设计支持，突破低价低质的天花板。

帮助地方政府开办创新设计研究院是广东工业设计城又一重要的贡献。进入21世纪以来，全球各地创新区域都表现出共同的特征：就是创新主体不仅要有政府和企业，还需要智库和大学。智库是依据自然科学、社会科学的基础研究来设定公共议题，推动政策创新；而大学不仅是生产科技成果还源源不断地为地方产业输入人力资源。但是在我国国情下二线以下城市没有智库，三线以下城市没有大学。像顺德这样的地方，凭行政级别不可能得到多少国家教育和科研投入。建设一座创新设计研究院，集聚不同学科高素质人才在顺德落地扎根，将以往点对点、随机性的“产学研”合作提升到一个立足本土的研发机构，并通过与众多高校在实习上的合作，就相当于为顺德建立了一所虚拟的高水准大学。地方财政是否应当投资这样一个创新设计研究院？意见显然不一致。区委主要领导的回答斩钉截铁：“自古华山一条路。”于是，顺德创新设计研究院作为顺德区一个事业单位，开始持续不断地为地方发展汇集成果、聚集英才。

与此同时，美的集团也在转型，集团设计师队伍在迅速扩大，并将位于工业大道边的厂区打造成为“美的全球创新中心”；碧桂园集团超越单纯房地产，开始布局在各地建设科技小镇；慧聪公司看中了北滘工业设计的特色，在北滘投资建设了中国家电贸易城；本地成长起来的飞鱼公司成为顺德领先的电商平台。北滘在政府、企业、智库、大学的协同之下开始形成创新的生态，成为顺德创新驱动的先锋。

以人才评价创新

2012 年 12 月 9 日，党的十八大刚刚闭幕不久，习近平总书记视察顺德北滘，出乎所有人的预料，他来到了广东工业设计城。习总书记首先参观了广东工业设计城博物馆，随后饶有兴致地参观了幸福生活体验馆，临行的时候他说“我再来的时候你们这里应当有 8000 名设计师”。由此可见是否形成了创新的生态，就看是否形成了聚集人才的平台。

广东工业设计城建设之初，北滘镇就提出“新产业吸引新人群，新人群建设新城市”。那么，新产业是怎样吸引新的人才群体呢？

杰出领军人物：以一方创新热土感动杰出领军人物带出一个团队；

大师感召：通过引进工业设计大师形成对整个工业设计行业感召力；

种子选手脱颖而出：创新平台营造环境使好苗子迅速成长；

创新型环境吸引优秀的团队：新一代创意人群更在意创新型工作环境；

用发展机会与一线城市争夺精英：研究院汇聚了大批大院大所优秀人才；

用创新点燃本地干部的激情：政府干部通过扶持园区成为创新产业达人。

广东工业设计城的实践说明中国遍地是人才，缺少的只是人才辈出的环境。当一个大都市圈内的特色小镇形成了对于一线城市的人才反磁力的时候，人才越争越多。2016 年创新设计研究院人才团队共 58 人，博士后 1 人、博士 5 人、硕士 36 人。广东工业设计城和创新研究院的年轻人在北滘安家扎根，已有 40 多个第二代出生在北滘。这个昔日难留人才的工业重镇，如今成为吸引人才的热土。

四、特色小镇带动城市环境的升级

8年来，历届北滘镇委镇政府为产业转型不断努力，与美的、碧桂园、慧聪等企业形成创新的协同效应，同时以创新产业相当的眼光目标明确、阶段清晰地推动城市环境的升级。

道路系统的优化改造：原来机动车与自行车混行的工业大道，优化了断面，增设了自行车道和人行道，明显改善了环境，当年的一条制造业物流通道正在演化为创新大道；镇内众多道路重新铺装，尺度更加宜人。如南源路以前过宽，中间增设一排绿化之后景观明显宜人。

河涌整治：结合治污、保洁与景观于一体，在全镇的城乡增加滨水步道和滨水景观，营造街心公园、和具有岭南特色的景观小品。

公共空间：为市民开展群众性文化体育活动营造不同的公共空间，如文化中心、科学馆，方便市民学习开设24小时书吧，北滘镇新城广场举办丰富多彩的群众性文体活动，受到居民踊跃响应参与。入夜时分的广场欢声笑语，而近邻的公园鸟语花香，小镇居民享受到城市文化与城市园林的优美环境。

如今，人才公寓、双创鼓励政策都在落实中，北滘成为广佛大都市圈内具有吸引力的人才高地，向着“魅力小城”的目标不断提升。

五、北滘建设特色小镇的几点启示

1. 北滘镇转型升级之路是针对地方经济社会发展的内在需求“我要做”的结果，是进入新常态之后一个工业重镇谋求产业突破天花板、城市化突破二元结构的选择。这种自下而上努力吻合了自上而下建设特色小镇的要求。

2. 特色小镇的推动主体是地方政府，政府通过供给侧改革引进市场主体创造开放包容的环境，形成大众创业、万众创新的氛围。

3. 特色小镇“特”在创新，而创新的体现就是对人才的吸引力。北滘提出“新产业吸引新人群，新人群建设新城市”道出其中关键。

4. 我国当前条件下培育特色小镇，在建制镇建成区内以“嵌入式”方式选址比较现实。“嵌入式”有助于促进传统产业转型、建成区升级，以创新驱动实现产业、生态、环境、社会建设的共赢。

5. 评估特色小镇是否成功不应株守小镇范围内的产值、税收，更要看特色小镇对于原有建制镇和所在区域产业转型、城市升级是否发挥了催化作用。这种作用不像步枪的“瞄准——发射”，更像导弹的“发射——致导”，在规划建设运营中会不断调整、优化提升。

专家点评

蔡立力：北滘对经济强镇开展特色小镇培育具有示范意义

中国城市规划设计研究院教授级高级城市规划师、
中国国际城市化发展战略研究委员会乡村建设专委会常务副主任

通过利用建成区存量空间、嵌入产业创新动力、促进传统产业转型、服务周边区域发展，北滘工业设计小镇立足建制镇发展的全国特色小镇模式与基于产业创新平台的浙江小镇模式有机结合，为当前全国特色小镇的实践提供了一种新的模式，对我国许多经济强镇开展特色小镇培育具有示范意义。

北滘工业设计小镇的培育坚持政府引导、市场主导和突出特色的原则，凸显了土地等资源的节约和存量空间的更新发展，体现了产业创新平台与建制镇建成区的有机融合，发挥了人才集聚和智力创新的驱动作用，以产业转型发展带动了城乡环境的升级和综合治理能力的提升，实现了全镇产业、生态、环境、社会建设的共赢。

（刊载于《城市化》杂志 2017 年第 7 期）

七、城乡社会治理

重庆巫溪乐和之家："3+2 模式"

廖晓义　北京地球村环境文化中心创办人兼主任、
中国国际城市化发展战略研究委员会委员

据有关部门统计，截至 2011 年，我国有将近 5800 万留守儿童，因为这些儿童的双亲或单亲外出务工，这些留在家乡的儿童从小便与父母分离，一年也难得见一面，甚至有的孩子几年才见到父母一面。在最需要关爱的童年期，失去双亲的照顾，无疑对于儿童心理健康成长非常不利，可能会引发以后的诸多社会问题。

作为致力于公众环保教育的非营利民间环保组织——北京地球村环境教育中心（简称北京地球村）从 2010 年开始将目光投入到农村留守儿童这一群体，地球村的创办者廖晓义女士在重庆巫溪这一劳务输出大县进行帮扶试点，创办"乐和之家"公益组织，逐渐摸索出一套可复制、可持续的新型乡村公益模式，为农村留守儿童的帮扶工作提供了宝贵的经验。

一、乐和之家"3+2 模式"概述

乐和之家进校模式简称乐和之家"3+2 模式"，是为提高农村教育水平，保留乡村乡土文脉，联结学校与社区，关爱农村儿童的新农村教育公益模式。在政府各级部门单位的协调支持和督导下，公益组织派送社工进校进村服务。在村校成为孩子们的辅导员，音体美德的副科教师；在村社开办家长学校，传播产业实用技术，组建乡村义工队、娃娃团，为留守儿童提供家一样的关爱和教育，再造乡村社会的自助互助文化。

"乐和之家进校项目"经过 2012 年上半年探索、下半年正式实施，首批试点正在重庆巫溪县进行，为村社与村校紧密依存的地区派送社工。三天服务学校、两天服务社区，故称“3+2”模式，是为破解留守儿童难题探索社会管理创新的新模式，为提高农村儿童和妇女素质以及社工自身能力打造新文化工程。社工立足农村社区与农村学校，同时对接城市社会教育资源，带入先进的教育理念与资源文化，为乡村建设输送复合型人才队伍。

二、乐和之家“3+2 模式”服务内容

社工的任务主要是在学校结合校方需求，担任音体美德等副科的代课老师与辅导员，分担教师教学压力和学生工作；在乡村配合基层政府、社区组织，为放学过后回到社区的孩子们组织娃娃团，开展校外活动，并在社区开办家长学校，为爱心妈妈和爱心爸爸提供生计服务、文化教育培训；为打工父母进行定期的信息对接，让父母知道孩子在家的情况，让乡村留守儿童得到更多社会爱心人士的关注。

“代课老师”社工成为农村学校的“音体美德”等副科代课教师，为丰富校园文化，拓展农村儿童视野提供教育服务。在学校面向广大农村儿童进行礼仪教化、经典诵读、养生知识、环保行为、爱国意识、公益精神和技艺传习等文化内容的传递。

“辅导员”社工成为农村学校的校园辅导员，成为孩子真正知心和信任的良师益友，主要负责孩子们的情感陪护、道德养成、心理交流、缓解学业压力。通过亲情聊天、书信表达，聊天谈心等方式，全面了解孩子的心理诉求和实际困难。

“家长学校”帮助乡亲们发展“耕读游艺养”五大产业，对村民进行开展实用技术的传播与辅导，包括自然农耕、乡土文化、乡村旅游、传统手艺、养老养生产品，通过促进乡村生态经济，帮助妈妈们留在孩子的身边；同时在社区对乡村妈妈们提供教育培训；助推邻里乡亲和邻家的留守儿童结爱心对子。

“娃娃团”孩子们建立自己的良性小社会和小组织，为放学回家的乡村儿童提供课外文化教育，开办课业陪读辅导班、开展兴趣小组活动。跟踪个案，建立档案，为留守儿童及特殊困难的孩子提供重点帮扶。

三、“3+2 模式”的实践与意义

巫溪社工站志愿者们先后在巫溪大同小学、宁桥小学、白鹿小学进行校园教育服务的初步探索，为学校设计校园文化，宣传乐和校园理念，设计校园活动方案，开展早自习经典教育、餐前礼仪文化培训，进行系列安全健康知识讲座，体育课上教授养生操与节气功法，新颖而健康，更加有利于儿童身心成长。放学后，社工们跟着孩子们一起回到家里，组织课业辅导班，为学习成绩落后的学生答疑解惑补习功课，很多村民听说村里有大学生帮助补习，都纷纷将孩子送来。社工们在开设了课业补习班后，组建村里的家长学校，家长会开到了村子里。羊桥村 2 社有位老人要表达自己的感谢，她说：“我没什么文化，孙子的学习我一点都看不懂，以前小孩的作业我只能看见他把每个作业本上的格子填满就以为他写完了，他就跑出去玩，我也看不懂是对是错，是不是糊弄我，现在有这些大学生辅导就放心了。”老人说孩子的学习成绩提高了，她愿意每月送来 600 元补课费，但被社工陈小倩谢绝。此后老人看到社工每天要自己买菜做饭，就经常把地里最新鲜的菜摘来送给社工。这样的故事还有很多，也感动着团队里的每个人。

农村学校的老师原来每位教师除了要担任语文、数学等主课的教学工作，很多美术、音乐的副课也要由班主任老师承担，备课都要准备不同科目，教师们根本无心给学生设计新鲜有趣的课外活动。社工进入学校后，首先承担了这部分工作，分担了老师的教学任务，让老师们有更多的精力集中在主课教学中，学校的班级文化建设、校园文化活动也不再是校长每学期担心的问题，因为社工为学校设计了很多具有特色的方案，得到了学生、教师们的认可。

在社区，社工为村民做发展产业、生计培训、健康保健常识的宣传；为村里设计发酵床养猪棚，和村民一起修建；为村里常年有胃病、高血压的老人教授制作保健酵素方法，很多老人的身体渐渐有了好转。水田村有位老人80多岁了，有一次专门走到乐和大院告诉社工谭国彩，他喝了谭国采教他做的酵素，最近高血压引起的手麻症状得到了缓解，他老伴每天枕着谭国特意在山上采来各种野花做的百花枕头，睡觉头疼的毛病好多了。社工们听了高兴了好几天。这样下来，原来不愿意参与关爱留守儿童工作的一些村民也逐渐了解了社工的工作，加入了关爱留守儿童的行列中。

“乐和之家进校项目”经过2012年上半年探索，下半年正式实施取得了良好的社会效应。乐和之家“3+2模式”在重庆巫溪县进行首批试点实践，需要政府的支持，社工的服务、学校的配合、村社的参与，在多方的共同配合中形成了良好的运行机制，使模式具有更强的可操作性、可复制性及可推广性。

对于农村儿童，不仅留守儿童，广大农村儿童都可以接受到丰富的学习资源，而且为当地学校带去了新的教学理念和教学方法，让农村儿童得到生命教育的滋养，着重道德情操的培育，强调公益精神与社会责任感的养成，延续了乡村乡土文脉。

对于农村社区，促进乡村社会的再造，乡土文化的保留。通过家长学校，挖掘培养社区公益领袖；通过生计支持，鼓励更多爱心村民加入对留守儿童的关爱中，让更多本土化的乡村工作者成为乡土社会再造的脊梁，为留守儿童营造家一样的社会环境。

对于社工队伍，有利于促进社工队伍的培养，为基层政府、社区、学校输送新鲜血液，未来为社会管理创新培养更多人才。大学生将全新全方位的感受基层、实践基层、服务基层，为人生积淀宝贵的阅历和经验，寻找一套提升自我、实现自我价值的公益之路。

对于务工父母，让打工父母的孩子得到关爱，社工联动外出打工父母，为外出务工人员提供生计支持和培训，让妈妈不走、妈妈回家。同时联动打工父母工作的企业，激发企业社会责任，促进城乡共融的和谐发展。

实践证明，乐和之家“3+2”项目在更多村校共建地区实施寻找到了有效途径。首先，项目开发了操作性强、适用度高的乡村教材，普遍适合农村儿童与社区村民接受，为社工服务提供技术支持，使之更快进入操作。其次，结合大学生越来越具有村校支教与驻村服务的热情，项目能够让更多的大学生走进基层、深入基层实践工作，大学生也可在服务过程中更快找到自己的角色定位，保障了社工发展的来源。同时，留守儿童所集中反映的一系列社会问题已逐渐被各级政府、企业、社会各界爱心人士关注，许多政府、企业更愿意倾向支持此类项目的发展。例如，巫溪县教委及巫溪在外打工父母成立的联合商会，提出愿意支持家乡教育发展，建设更多的乐和校园。

四、“3+2 模式”社工培养体系

乐和之家“3+2 模式”通过对社工人才的培养，通过严格的招募培训系统、严密的管理考核系统，保障项目服务品质。

（一）对志愿者的基本要求

1. 热爱公益事业，希望为公益活动做出自己的一份贡献。
2. 对农村的情况有相当的了解，能够在条件艰苦的地方开展工作。
3. 有积极的心态面对工作中的各种问题与疑惑。
4. 能够与村民、农村儿童以及学校老师建立良好的关系。
5. 有一定的教学能力，能够给孩子带去更多的有用的东西。
6. 拥有某一项特长，诸如书法、绘画、手工、武术、讲故事等等。
7. 有良好的人际交流能力和沟通能力以及团队合作意识。
8. 能够服从工作安排，适应强度较大的工作。

（二）志愿者招募渠道

其他公益组织推荐；应届毕业生招聘；社工专业或者师范专业实习生。

（三）志愿者招募流程

网上宣传（校园宣讲）>> 发布信息 >> 接收报名表 >> 初次筛选 >> 第一轮面试（电话或现场）>> 安排任务（编写教案、工作计划等等）>> 第二次筛选 >> 第二轮面试 >> 通知参加岗前培训 >> 第三次筛选 >> 进入试用环节 >> 进行考评 >> 正式录用。

（四）志愿者培训系统

岗前培训：内容主要包括对项目更加全面和具体的了解、农村工作方法、教学技巧、公益感知、了解社工工作内容以及一些社工工作的基本方式和要求等等。培训结束后，社工拥有能够进入农村工作的基本能力和方法。

在岗培训：根据社工工作情况、“乐和之家”项目进展和实际工作需要，及时进行各种培训。主要目的是为了解决近一段时间以来社工在工作中存在的问题，急需提高的能力。在社工的整个服务过程中，贯穿诸如职业规划、领导力、应变能力、组织能力、创造能力的培训。

志愿者管理系统：志愿者管理体系包括“空间管理”、“目标管理”、“信息管理”三大类。

“空间管理”要求社工时户、日堆、周社、月村、季乡上组织工作；

“目标管理”包括发现问题，了解需求，传播理念，提供服务。要求社工具有发现问题的能力和从问题入手化解矛盾的工作方法；通过与当地村民、儿童的交流，了解他们的需求。要求社工熟悉社区环境，结合所发现的问题，提出评估和解决方案。要求学习掌握乐和之家项目理念，以宣讲、开会、入户宣传的方式向社区、学校传播乐和理念。社工为校内校外农村儿童提供七盏灯课程教育，为爱心妈妈提供母教课程。

“信息管理”包括日志、周讯、月报、季评、年考等五类。

（五）志愿者服务系统

通过“政府督导、社工服务、社区自助、社会帮扶”的社会管理模式进入农村社区。通过“五陪”模式（情感陪护、学业陪读、人格培养、能力培训、社会培育）为留守儿童提供服务。

五、“3+2 模式”资金支持系统

政府购买：通过政府购买公共服务的方式，公益组织为政府提供公益活动教案、课程教材、校园文化设计、社区生计技术培训，以弥补农村学校教学资源匮乏，培养社区能力建设。

社会捐赠：以组建亲友团的方式资助那些走进乡村和学校的社工和那些照顾留守儿童的乡亲，整村认助结对子；或订购“乐和爱心包”为留守儿童的学习、文体活动等提供人财物的定向捐赠。

生计支持：为耕读游艺产品提供手艺设计、生态农业、乡村旅游等技术支持；或通过订购爱心爸妈的安全食物、朴实手艺和乡村旅游，提升自己的生活品质，也鼓励乡亲照顾邻家留守儿童的公益行为，以支持乡村生态经济发展的方式鼓励妈妈不走或妈妈回家。

六、“3+2 模式”学校服务内容

（一）走进课堂开展教学

国学经典教育：为孩子进行经典教育，理解中国传统文化的精髓，接受中国文化的熏陶。教学内容为《三字经》、《弟子规》等。

礼仪教育：良好的礼仪表现是对一个人立世的最基本要求，也是建立文明和谐社会的最基本要求。教学内容为行为举止礼仪、仪容服饰礼仪、学校礼仪、家庭礼仪、公共场所礼仪等等。

健康教育：增强体质，提高健康意识。开展包括体育课、养生课、生理课。帮助学生养成健康的生活习惯。

科普教育：让学生掌握科学的方法去了解世界、了解自己。了解基本的科学常识，激发科学兴趣，培养探索精神。教学内容包括生物、地理、物理、天文、环境等基本常识。

安全教育：提高学生安全意识，最大限度地确保学生安全。教学内容包括交通安全、防火安全、用电安全、活动安全、饮食安全、法制教育以及自我保护。

环保教育：提高环境保护意识，参与环境保护。教学内容包括环保常识以及开展环保活动。

技能培养：让学生拥有更多的技能，更加全面地发展，培养综合素质。教学内容包括书法教育、绘画教育、手工教育、音乐教育、演讲与口才教育、戏剧表演教育以及其他一些特长教育。

爱国教育：培养儿童爱国情操。教学内容包括感受革命先烈的英雄事迹。

（二）开展丰富多彩的校园活动

开展各种活动，努力打造农村特色学校；成立兴趣小组，更好地对学生进行技能培养；开展各种主题活动，如“身边的环保”、“世界水之源日”、“无烟日”、“科普日”等等，把课堂教学融入活动中去。

七、留守儿童帮扶典型个案

（一）巫溪水田村向虎案例

在水田村，有一个 14 岁的五年级学生向虎，他的家庭条件十分贫困。父亲在长沙挖隧道，多年在外没有音信，也没有给家里寄过一分钱；母亲在向虎一岁时就改嫁，从此再也没有回来过。向虎跟着年迈的爷爷奶奶靠种地维持生活。由于经常逃学，向虎三年级还被留级。就在我们去学校了解留守儿童情况的前一天，向虎偷了奶奶一个月的低保300元，上网游戏，夜不归宿，一晚上就花掉了一多半，还不承认错误。奶奶一气之下找到学校班主任刘老师，刘老师对这个调皮的孩子也只能进行说服教育，但是学生在校外发生的情况，班主任老师也力不从心。

帮扶志愿者把从学校班主任老师那里了解到的情况，和村支两委、乐和互助会代表开会共同讨论，村里王书记决定要面向全村召开村上妇女动员大会，把爱心妈妈召集在一起宣讲乐和之家项目，讲讲爱心妈妈到底该怎么做、做什么。然后针对向虎的问题做一次家访，并给向虎找了一位合适的爱心妈妈。但是向虎家很偏僻，周围邻居没有合适的爱心妈妈人选。后来村里在一起开会商量，王书记主动提出让他的老婆做向虎的爱心妈妈，虽然住得远些，但是绝对可以放心地照顾向虎。我们也很担心，不知道陈贤桂大姐是否愿意做这个调皮孩子的爱心妈妈，但陈大姐很热心善良，也特别喜欢孩子，项目一开始就报名做爱心妈妈，现在知道自己和向虎对接，爽快地答应了。

因为两家离得很远，她以前没有见过向虎。第一次去见向虎时，也是学校的老师和我们去家访。我告诉陈大姐，我和老师去向虎家家访，要不要一路去看看，她马上关了自己家商店大门和我们一起去看向虎，还给向虎买了一套衣服，很久没有给小孩子买衣服的她，不知道选哪件好，我们就帮她参谋了一下。她也不问价钱，觉得好看就打包买下，一路提着高兴地去向虎家了。

到了向虎家，向虎正在给爷爷配药，见到我，就冲我很腼腆地笑了笑，这让我很意外，因为我第一次见向虎时，他自始至终都是低着头、看着手，一句话也不说。陈大姐见到向虎，见到向虎的爷爷奶奶，加上从老师那里了解到更多向虎的情况，反而更加喜欢和同情这个孩子，决定让向虎去她家住一个星期，她保证向虎的安全，并督促他的学习作业，让他养成良好的习惯。向虎也很喜欢这位爱心妈妈，在陈大姐家住的一周里，陈大姐每天都在向虎去上学后给班主任打电话，问向虎是否到学校了。学校老师也反应向虎的学习状态很足，和人说话的语气里都有一种被关爱的幸福感。陈大姐自己还每天写和向虎在一起生活的日记，记录向虎点点滴滴的变化。现在向虎都改叫陈大姐“妈妈”了。

有了“乐和之家”以来，向虎的学习有了长足的进步，性格也开朗起来。曾经的“坏孩子”不见了，向虎变成了懂礼貌、讲卫生、爱劳动、爱学习的好孩子。

（二）上磺镇羊桥村向家琴案例——一位小社工的成长故事

向家琴，今年 16 岁，重庆巫溪上磺镇羊桥村人。她自幼父母离异，由父亲向吉友抚养成人。向吉友是羊桥村有名的爱心爸爸，他照顾了两个留守儿童。不幸的是，向吉友在 2012 年 8 月份去世了。向家琴继承父亲的遗志，加入乐和之家项目，成为一名为留守儿童服务的小志愿者。用她自己的话说：“我父亲投入到这一事业中，乐和之家的人也在父亲病重期间帮忙照顾了很多，我希望自己能够为身边的人带去一份帮助，尽我父亲的遗愿，回报这个社会。”

在加入乐和之家之前，向家琴就是一位比较听话的孩子。2011 年 8 月，作为乐和之家读经团的一分子，她在北京和读经团一起做了汇报演出。在其父亲病重期间，小小年纪的她每天照顾父亲的饮食起居，直到她父亲离开人世。

走入到乐和之家大家庭中的向家琴，积极工作，尽自己的微薄之力去帮助身边的留守儿童：她细心照顾身边的孩子，积极宣传乐和的理念。在乐和之家组织的娃娃团活动中，向家琴积极参与到孩子当中去；在羊桥村的课业辅导班上，她主动为孩子讲解课后习题、认真检查孩子的作业；在羊桥的爱国教育活动中，她热情地向小朋友们宣讲乐和之家的理念。

专家点评

于长江：乐和之家让每个人成为有生活意义的志愿者

北京大学社会学系副主任、北京大学深圳研究生院人文学院副院长、
中国国际城市化发展战略研究委员会委员

本身我是被廖大姐行为打动的人，巫溪这样一个行动在当下中国的环境下，必须依靠一些义无反顾的人，以这种宗教式的热情才可以将公益事业做下去。当然，当地也要有这样的环境，尤其当地政府、当地主要负责人要有这样的情怀。这件事情放在大语境里，一般是以社会组织的身份出现的。在基层，我们叫作社会管理和社会服务。实际上，在二三线城市，管理和服务还没有到这么高的程度。这里我们要讨论的更主要的是社会重建的问题。因为我们现有的发展模式，造成了很多内地二三线乡村是残破的社会。我们经常说，一个不健全或者残破的家庭，往往他们的孩子会出现问题。二三线城市的很多地方，社会本身就是残破的。所以，不光是孩子，很多成年人也受到这样的影响，这不是一个正常的、自然的人类可以长久生活的社会。

社会重建，不仅仅乡村需要，城市也需要，我们整个社会都面临着重建。城市和乡村为什么要变成二元对立？好像一说城市化，乡村就要凋敝，一说农村，是不是资金都放到农村去了，没有能力建设城市了？我认为城乡应该兼容，这也不是我的观点，我们社会学一直有这个概念。可是，这种思路一直没有成为主流，这个问题总是搞得很悲壮，全靠志愿者的奉献情怀来支持。我想引出的问题是，比如这个案例，在乡村，有教师，也有基层行政机构，包括农村也有健全的村委会等等，这么几套体系如此健全，为什么还需要这样一个志愿者组织才可以推动这件事情？问题出在哪儿？到底志愿者跟当地人有什么区别？为什么志愿者就可以这么做？我们看到，当地人是在当地具体的体制下，是在讨生活的状态，他们

要考虑自己的待遇等等，而志愿者就不是。志愿者存在的逻辑、去的原因，包括活着的目的是不同的。那么，志愿者本身是为一种意义而生活，而当地人不是。他们也不可能这么奢侈，只能从现有环境中为了自己的生活、为了家庭的生计来努力，所以思路很不一样。我想，志愿者进入基层社会以后，真正做到的，除了帮助当地人之外，实际上更重要的意义是帮助留守儿童灌输一种人生观。就是说，虽然你们是留守儿童，地位好像很低，但你可以影响生活，你不是活着，而是生活，可以建构自己的生活。

我相信，这批志愿者对儿童的影响不仅仅是帮助他们，更主要的是使留守儿童有了为有意义的生活而努力的精神，就是把价值还给社会，把意义还给生活。让每个人变成有自己生活意义的志愿者，这是这个案例特别呈现给我们的地方。

李人庆：城市化应重视社会重建

中国社科院农村发展研究所副研究员

我们在成都的社会调查发现，传统社会是互惠的。比如，农村建房是请一顿饭，你帮一把、我帮一把，房子就建起来了。社会互惠在人们的生活中占有很重要的地位。但当城市过渡到商业化、过渡到价值取向，隔离了人与人之间的关系，就造成了社会的不幸福感，很多社会问题无法得到有效解决。现在，新型社区需要很多聚集，不仅仅是人群聚集，还需要公共服务集聚、公共服务多样化、专业化。这些完全由政府或者某个人是很难承担的，需要公益社会组织来承担这个任务。实际上，未来城市生活品质的提高，并不仅仅是建筑空间，而是生活空间，这就需要社会组织来承担。

根据我们在农村的调查，农民收入80%以上都是非农收入，空心化十分严重。作为产业来讲，中国已经实现了转型，但从居住角度来讲，它是半城市化的，农民工并没有完全移居到城市，城乡二元制度没有给农民工实现的可能性。

中国的城市化面临新的发展阶段，从国际来看，城市化不是一蹴而就的。中国城市化的快速发展是在城市住房改革以后发生的，再加上土地财政的赤字，城市发展问题比较突出。这个突出表现在我们过多地强调生产性，过渡强调了经济价值，忽视了文化价值。另外，现在很多城市不是集约了，而是过度集约了，产生了负面的效果。就单一的价值标准来看，我们谈经济集约、土地集约，实际上城市还是生活空间，应该体现为多功能的生活空间，是美的空间、人文的家园空间、环境空间的集结，不能简单用经济土地价值来衡量。

现在，很多农村的生活方式已经完全城市化了，而人的城市化的关键在于生活方式的转变，关键在于生产关系的转变。城市化是对社会关系的一种破坏，我们没有重建。那么我们在建筑上要考虑社会性，考虑发展性，考虑人文的关怀，给不同群体提供一个美好家园。

郑向东：城市化的质量和速度取决于城市化的边际

中共南岸区委副书记、重庆市南岸区代区长、第十一届全国人大代表

我在巫溪工作了6年，这是重庆最偏远的一个县。我最直观的感受是城乡之间的差距。我很赞同讨论人的城市化，因为这讲到了城市化的本质。我理解我们看到的城市形态的变化，但是我觉得我们还有一座看不见的城市需要关注，就是城市背后的农村。我想呼吁各位领导、各位专家和社会各界更多地关注社会、关注农村、关注人。

作为一名基层政府工作人员，就如何提高城市化质量，同时也能推进它的速度，我有一点体会。其实，质量和速度取决的因素不在于我们下多大的力气，投多少的资本，而在于城市化的边际在哪里。尤其像重庆这样的地区，包括沿海发达城市，城市化的边际已经出现了。目前，农村的情况、农民工的生活状态、城

市贫民窟的状况已经制约了我们的发展，未来将会成为我们的负担，可以说是潜在的、影响很大的因素。我的体会就是不着急、再回首、向内看，这样的城市化才是有质量的城市化，才是人的城市化。

（刊载于《城市化》杂志 2013 年第 1 期）

广东河源市和平县：城市化大潮下山区教育如何从困境中突围

徐玉珍　广东省河源市和平县教育局常务副局长

和平县作为山区县、省级贫困县，经济、教育发展均比较落后。如何加快教育发展步伐？这是和平县历代教育者思考、探索、尝试破解的问题。为探索破解之路，和平县勇于实施“文化育人”，并已经走过四个春秋，在硬件校舍设施设备、师资基本稳定的条件下，大力推进“一校一强项”和“一校一特色”工程，取得了教学质量的稳中提升，辍学率大幅下降，学生多元化成长成为主流，逐渐形成“人人有兴趣、个个有专长”态势。由于成效显著，和平县“文化育人”于2014年12月30日被广东省教育厅列入全省教育综合改革试点项目。那么，和平县是如何提出、推进文化育人的？又破解了山区教育哪些难题？

一、背景与困难

随着城市化步伐加快，大量农村人口流向城市，农村人口急剧减少，尤其是山区农村人口递减幅度更大。农村人口的变化可以从每年新生入学人数变化得知。从2005年到2010年，和平县新生入学从9300多人减少至3600人，每年减少1000多人。新生人数急剧减少的大背景和主要原因就是城市化浪潮，另外一个原因是计划生育政策的后果逐年显现。因为城市化，大量农民进城务工，由此导致农村出现大量的留守儿童。目前，和平县中小学留守儿童占在校生76%，有些乡镇甚至高达90%。留守儿童由于缺乏家庭亲情、家庭教育、家庭监管，导致人格扭曲、性格异常、习惯异化。哪怕在校生活，也难以融入集体生活，较多出现厌学、逃学、弃学等现象。2010年全县近30%学生存在不同程度的厌学现象，而出现厌学现象的学生中，留守儿童占80%以上；逃学人群中，90%以上为留守儿童；弃学人群中，95%以上为留守儿童。如果不破解留守儿童问题，厌学、逃学、弃学等现象就会逐年加剧，最终会动摇素质教育的根基。

2010年，和平县提前一年普及高中阶段教育。同时，教育部门发现几个严重问题：一是高中新生数量不足，其中既有计划生育因素、人口外流因素，也有厌学辍学因素；新生素质普遍比较低下，其中既有原有管理模式效率不高因素，也有因学校不能满足学生文化生活需求，尤其是教学点人数稀少（全县教学点少于30人规模的29个）、缺乏人气，学生学习积极性不高因素。如果不破解高中生源新生数量不足、新生素质普遍比较低下的问题，为全县人民多培养人才将成为一句空话。

2010年开始，和平县计划推进教育创强。根据规划，全县将大规模进行布局调整（撤校并点），导致村级小学数量急剧减少，各镇中学、中心小学人数急剧增加。到2014年，和平县中小学数量将从289所锐减至41所，98%以上村级小学实施“撤高留低”后成为只有两三个班的教学点。经预测，届时中学、中心小学规模将成倍扩大，而教学点人数将大幅缩小，由此就会出现两种情况：中学、中心小学在规模扩大后如果还是那套管理模式，怎么能够留住学生、教好学生？教学点在人气不足情况下怎么能确保稳住学生、夯实学生素质基础？不解决这些问题，和平县教育创强将只是片面的创强。

和平县属于山区县、省级贫困县，劳动力大量外出，优秀师资持续外流。由于经济基础薄弱，校园硬件、校舍设施设备等要在短时间内改变或与发达地区缩小差距几乎不可能；同时由于优秀师资持续外流，使得义务教育师资，尤其是教学点师资90%以上为“代转公”，“民转公”以及“三军转公”（火头军、打工大军、失业大军），师资素质低下是基本现实。可是，教育不发展，经济更难发展；经济发展不佳，又会反过来影响教育发展，形成恶性循环。因此，不破解山区教育发展死结，本地经济就难以进入良性发展轨道。作为教育者，不能“等、靠、要”，更不能“坐以待毙”。

二、决策过程

如何破解上述难题？这是摆在和平县教育局领导面前的一道现实而急需破解的难题。对此，和平县教育局领导内部出现了几种不同声音，如这些问题不是今天才出现，而是日积月累的结果，需要几年甚至十几年才能扭转过来，我们这批人无法完成此重任（不去搞什么教育改革）；这些问题既有师资、管理，也有硬件建设方面原因，因此，在目前情况根本无法全部解决（即使尝试教育改革也是徒劳无功）等。

震耳欲聋的口号不如实实在在的行动。黄伟平局长没有参与辩论，没有明确表态，而是深入一线进行调研。当他看到公白中学丰富多彩的课外文化活动、亲子教育活动等让学生天天快乐、健康向上，全校辍学率为零，而且该校多年教学质量在全县名列前三时，他异常兴奋，深入思考，萌生出“文化活动→文化育人”的念头。假如全县中小学都像公白中学一样，问题不是很好地解决了吗？（既可以破解校园文化生活贫乏问题，又可以解决厌学、逃学、辍学问题；既可以解决留守儿童问题，又可以解决生源不足问题；既可以解决德育落实难问题，又可以解决素质教育落实难问题；既可以解决习惯养成教育难问题，又可以解决校园文化建设形式单一氛围不浓问题；既可以解决教学质量提高难问题，又可以解决教育创强内涵建设难题。即一种措施破解多种困难和问题。）

当他将这个想法于 2010 年 9 月 16 日拿到班子会讨论决策时，出现了激烈的争论：有人认为“文化育人”只是一种刚提出的教育理念，而且连内涵外延都还没有搞清楚，就在全县实施为时尚早；有人认为“文化育人”只是一种文字游戏，是素质教育口号的翻版，没有多大价值；有人认为“文化育人”是没有用普遍事例证明行之有效的一种理念或模式，不具有全县推广意义；有人认为“文化育人”

作为新教育理念可以一试，没有去试怎么知道就不行呢？

归结起来，大家比较一致的意见主要为两种：一种是，多数人以不能影响教学质量为由，暂不推进文化育人，这样可以保障教学平稳，还可以静观其变，进退自如，没有多少责任；另外一种，少数人认为要实施文化育人，勇敢一试，全面推进文化育人，但是风险很大，有可能导致教学质量下滑。

如何决策？这是黄伟平局长必须面对的棘手问题。是少数服从多数、顺水推舟，坚持传统育人方式？还是坚决推进文化育人，主动改变山区教育落后面貌？坚持传统育人方式没有半点风险，但是上述问题依旧而且有逐年加剧趋势，如留守儿童问题会更加严重，厌学、逃学、弃学现象会十分严重，很多留守儿童失去教育机会，很多家庭将因子女教育的缺失而丧失“脱贫奔康”能力；义务教育生源质量基础难以夯实，培养更多人才的任务难以完成，甚至连让学生“成人”的任务都难以完成（一旦这些未“成人”的学生流入社会，将造成诸多社会问题，影响社会稳定）；落实素质教育由于缺乏有效载体，教育创强难以达到硬件与内涵质量同步创强，难以成为名副其实的教育强县，即硬件改善完善了，教育教学质量也还是“涛声依旧”。坚持传统育人方式，哪怕教育发展真的不如人意，也是多数人的决策，自己不需要承担太多责任；坚决推进文化育人，由于没有经验借鉴和理论指引，而且多数人不支持，有可能难以推进实施，即使推进，如果在制度、管理、评估、激励等方面无法及时跟进、配套落实，受重视程度、理念理解、管理效率等因素影响，学校之间实施效果差别较大，有些学校的实施效果可能难以达到预期，甚至会在某种程度上导致顾此失彼、轻重不分、片面实施，进而导致教学质量或某些指标下滑，将会受到社会群众尤其是县人大代表的质询，自己要承担全部风险，弄不好还会因此丢掉“官帽”。虽然只有十几分钟的决策过程，黄伟平局长却觉得比十几年都要漫长和艰难。

沉默片刻，黄伟平局长用坚毅的眼光扫视了全体班子成员一遍，果断地说：“为官一任，要造福一方。推进文化育人，舍我其谁？在校舍教室、设施设备、教师素质、管理成效难以短时间改变、改善的情况下，在与发达地区差距不断扩大的趋势下，实施文化育人是比较可行的、有效的方法理念，也是全县教育者几经摸索的智慧结晶。破解三大教育难题，时不我待，不能等，而要争分夺秒！如果实施文化育人的效果不佳，责任由我承担！”

大家不约而同地松了一口气，随即情不自禁地给予了热烈的掌声。掌声里，大家知道局长做出这个决策十分不容易，是一个异常艰难的过程；掌声里，大家知道局长已经下定决心要在全县推进文化育人；掌声里，大家清楚局长比任何人承担的责任都要大，现在需要的是大家的共同支持和行动！

在风险与责任的平衡中，黄伟平选择了责任；在逃避与担当的斗争中，黄伟平选择了担当！

三、主要措施

一旦决定，就要坚决推进落实。为此，他更是以身作则，亲自撰写《论文化育人——结合我县校园文化建设进行》、《谈和平县如何探寻文化育人之路——以我县近几年教育发展为例》、《谈学校文化建设》、《论文化育人的多维性》、《论细节与校园文化建设》、《深入推进文化育人 迈向学校文化自觉》等十几篇文章，在《和平教育》刊发；多次召开专题会议，研究部署推进文化育人工作，以此统一全县教师思想，形成推进文化育人的合力。不久，和平县举办了第一届中小学校长论坛，研讨文化育人理念，加快推进文化育人步伐。

很快，和平县教育局相继出台了《和平县中小学实施文化育人中长期规划(2011-2020)》、《和平县中小学强项和特色建设规划》、《和平县文化育人特色学校评估标准》等5份规范性文件，稳步、系统推进文化育人。

和平县教育局非常明确地提出实施文化育人思路，即要以成人成才为基本目标，要以“一校一强项”和“一校一特色”为抓手，要以课堂文化活动和社团文化活动开展为载体，稳步推进，狠抓落实，促使形成“一生一强项”或“一生一特长”，贯彻“人人有兴趣，个个有专长”育人观。在推进文化育人过程中，社团文化育人既是全县的短板，也是全县的重点工作方向。为此，全县要求每所学校社团数量至少达到12个，社团文化活动开展实现“三化”（常规化、系统化、科学化）、“三固定”（固定每周活动时间、固定人员负责辅导、固定场所开展活动）、“两覆盖”（覆盖所有教师、覆盖所有学生）。

实施文化育人，加强教师文化建设是关键。为此，和平县要求教师务必做到“九个一”，即教师每人每年订阅至少一份教育类报纸杂志、购买至少一本教育专著、撰写至少一份教学心得、研写至少一篇教学论文、主讲至少一场讲座、参加至少一次学术交流、开讲至少一节示范课、参与至少一个课题研究、参加至少一次培训。随后，黄伟平局长多方奔走呼吁，筹集300多万元资金建立县级教研中心和师训中心，争取预算每年150万元，用于培养师资力量，评选了星级教师500多位；积极引进资源建立和谐人生导师学院和平分院，邀请广东教育学院、广东教育学会、综合开发研究院（深圳）、深圳职业技术学院、河源职业技术学院、河源市教育局等为本县推进文化育人出谋划策，其中刘劲予教授、李津逵教授、邓康延教授、李迪华教授等更是亲临本县一线学校指导推动文化育人工作。

实施文化育人，开展多种多样的文化活动是核心。没有文化活动，文化育人就是一句空话。为此，和平县教育局要求每位学生至少参加一个社团，每所学校每个学期至少让每位学生参加社团活动6场次以上，切实将传统德育落实到社团文化活动这个有效的载体上。目前，全县中小学校园社团达1100多个，每学期举办大型社团活动1500场次，学生人均参加社团文化活动达7场次以上，成为全市教育的亮点。由于学生参加社团文化活动多，不同社团培育不同兴趣潜能，锻炼不同意志和耐性，因此，社团既培育了兴趣、展示了能力、张扬了个性、激发了潜能，又让学生体会生活、理解集体、互相尊重、互相支持，从而更加尊重老师、尊重同学、尊敬父母，热爱学习、热爱生活、爱护学校，社团活动促使学生健康、快乐、多元成长。

四、主要成效

教师文化建设取得较大进展。目前，全县共订阅教育类期刊5653份，比2010年增加4600份；全县教师每年发表教研论文400篇以上，比2010年增长250多篇；全县教师共完成校本教研专著或教材19部，比2010年增加15部；完成教研课题立项66项，完成结题28项目。

校园社团文化建设取得新突破。目前，全县中小学共有社团或兴趣小组1100多个，成为全市校园社团最多的县区；每所学校都成立了文学社，成为全市唯一一个校园文学社全覆盖县区。多数学生都参加了一个社团以上，每年至少参加社团活动7场次以上。多元文化活动开展成为全县中小学的常态，多元成长成为基础教育的一道靓丽风景，参与社团活动成为学校德育的最有效载体。在丰富多彩的社团文化活动浸润之下，师生乐意留在学校，学校也因此成为师生共同的家园，心灵的港湾。

教研文化建设取得新进步。多姿多彩的校园社团活动为学生搭建了宽阔的展示、交流平台，激发了学生的内在潜力和创新动力，促进了师生之间的沟通，促进了师生关系的和谐，让学生感到学校生活的巨大乐趣和无形吸引力，不断增强学习的自觉性、积极性。由此，和平县中小学辍学率全市最低，低分率全市最低；教学质量由全市倒数第一成为顺数第一，考取清华、央美、国美的学子在时隔26年后再次出现并保持稳步增长。

特色文化育人工程成效初显。经过四年多的努力,和平县“一校一强项”和“一校一特色”工程建设取得了预期进展，如和平中学、福和高级中学分别打造教研文化强项、社团文化育人特色，阳明中学艺术教育特色、实验初级中学“和”文化育人特色、阳明镇第一小学与阳明镇第二小学实施“阳明文化育人”、古寨镇中心小学实施“136课堂改革”及课外艺术教育、东水镇中心小学实施爱心教育、公白中学实施农村初中教学改革、青州中学推行“导学式”教学模式以及“校园书吧”、上陵中学实施信心教育……全县共有23所学校强项或特色比较明显。全县共建成特色文化校园26个，形成具有山区特色的校园文化。

教育综合影响力逐年增强。2014年，中山市火炬开发区教育局、紫金县教育局以及连平县、东源县、龙川县学校等到我县参观考察文化育人模式；《广州日报》《广东教育》《基础教育参考》《河源日报》以及凤凰网、新华网等20多家媒体报道或转载和平县文化育人经验；有4所学校校长在广东省校长论坛上介绍文化育人经验，有110篇文化育人经验论文获奖。目前，文化育人丛书已经顺利出版《理论篇》、《特色教育篇》、《教师文化篇》、《成果篇》等四部。

专家点评

Nicolai Peitersen（尼古拉·彼得森）：和平县优秀教育案例值得赞赏

中国国际城市化发展战略研究委员会委员、《道德经济》（哥伦比亚大学出版社）作者、前中欧城镇化伙伴关系项目首席专家、在华协调员

首先，我想向和平县教育局在教育方面取得的成就表示祝贺，我很惊讶能够在中国听到这么优秀的教育案例，这对于全国的教育界而言都是非常好的学习榜样。

在欧洲，我们有公共服务均等化的概念，也就是说无论生活在城市还是乡村，所享受到的公共资源水平都是一样的，大家去的都是一样等级的医院，上的都是一样好的学校，即使是对于那些非常乐意居住在偏远山村的人而言，所享受到的公共服务也是一样的，人们不会仅仅因为公共服务的方便和优质性而搬到市中心去生活。但中国目前要做到像欧洲那样把公共服务设施完全平等化，显然还有很长的路要走。

对于和平县而言，如果仅仅从硬件上进行改良，可以把先进的教学设备引入

到乡村中去；如果想要提高软件水平，就要考虑如何吸引国家级或者省级、市级水平的教师到山区对孩子们进行教育，这确实是个难题，也是作为城市管理者和政府官员们需要考虑的问题，因为教育与城市的发展两者之间的关系是密不可分、相辅相成的。

很明显，和平县的教育实践在中国已经非常领先，也给我留下了非常深刻的印象，在此，我还想向和平县教育局提出另外一个建议，即新的学习领域的概念。这一新的学习领域对所有的学习者来说都是新的，即便是对于北京、上海、广州等大城市而言也是如此，它与所谓的城市规模没有任何关系。我们知道，全世界包括中国在内的所有政府都十分重视创意和文化产业的发展，在任何一个城市和地区，创新都是经济、社会、文化发展的基础，就如同不管是在北京、上海还是在乡村地区，3D 打印技术对我们而言都是非常新的概念，而 3D 打印正是未来科技发展的一个新方向，它对于任何城市来说都是一个领先的技术。因此，我想说的重点是，和平县可以通过新型学习的方式吸引人才到这个地方进行教学，从而吸引到好的师资资源。例如，在和平县的山区可以发展 3D 打印或其他的创意文化产业，从而吸引那些有想法、有作为、有力量、想到山区的年轻人到和平县教学。

丽娜·斯容：和平县教育案例有创新性

法国国家公务员培训中心培训发展部负责人

这个案例让我有耳目一新的体验和感受。我对案例中的内容非常感动，我能从他们身上深深地感受到教育爱好者的那份热情。同样作为教育工作者，我也希望能够在教育方面给出一点小小的建议。

我非常赞同“一生一特长”的理念。“一生一特长”不仅可以让学生学到技能，还可以给孩子们带来自信，对自己的生活和未来更加有信心，这能让孩子们受益终身。神经学的有关调查显示，积极的情绪对学习情绪的调动、自信心的建立有非常好的促进作用，而能够把学生的积极性调动起来、树立信心，对于教育工作者而言是最基础也是最重要的工作。在这里我可以很负责任地说，和平县教育局做得非常棒。

除了树立学生的自信心和培养学生兴趣外，培养学生的团队意识与合作精神也十分重要。在信息技术高速发展的时代，电脑几乎可以帮我们做所有的事情，但人的创意和自信心的建立却是电脑所不能够完成的。此外，我觉得和平县教育局在对师资力量的培养这一关键性问题上做得也非常出色。我认为他们的做法非常有创新性，也极其有勇气，希望他们能够把教学计划做得更加完善，不仅激励全中国的学校和教育体系，而且给全世界的教育工作者以更多启示。

之前我对这个案例已经有了初步了解，因此我非常担心，他们已经做得非常完美，作为一个从外国来的专家，我有什么可以帮助他们进行改善的呢？这让我很苦恼，为此，我也进行了非常深入的思考。我6岁迁居法国，我的父母都是中国人，中国父母一个最主要的特点就是，他们十分关注子女的成长。所以，从我自己的经历出发，我认为父母对于子女教育的关注是一种神秘的、神奇的力量，它是孩子们健康成长、健康发展的根源。因此，我在思考，和平县教育局在日常教育中是不是可以更多地引入父母对孩子们成长的关键性角色作用？因为孩子们不仅仅需要物质上的关爱，更需要心理和精神上的关爱，但父母们却经常不知该如何表达心理层面的关爱，尤其是当他们不能在家乡照顾自己孩子的时候，这种表达就变得更加困难。我们是不是可以创造机会，让父母更多地出现在孩子的教育和生活中，让父母有机会表达自己多么为孩子感到骄傲和自豪。现在互联网及微信等社交媒体能够帮助远在他乡打工的父母与孩子们建立更多的情感联系，因此，我想提出一个小小的建议，让孩子们给自己录一个小视频发给父母，让父母对孩子在学校的表演、活动等内容做出积极的反馈和评价，这将对孩子建立自信心有很好的帮助，并且让孩子一生受用。我相信，和平县对于如何更好地把孩子们培养成才已经有了更好的想法和做法。

廖晓义：解决留守人群问题需要公共政策支持

北京地球村环境教育中心主任、中国国际城市化发展战略研究委员会委员

在留守儿童这一领域，北京地球村环境教育中心已经做了七年，现在我们仍有 80 多位年轻的大学生住在重庆、长沙等地的乡村，解决老师和学校无法解决的问题，即孩子们回到家后怎么办？平时没有父母怎么办？因为，在乡村，留守老人、留守妇女、留守儿童的问题，只靠像和平县这样优秀的学校和老师是无法解决的，这是全社会的问题。这三类人群如果出了问题，那么我们每个城里人也不可能有好的未来。对此，我主要提三点建议：

第一，形成一个公共政策，让大学毕业生到农村去，将服务留守儿童、留守妇女和留守老人作为他们进入工作岗位之前要上的必修课，这就是新的“上山下乡”。这对于大学生本身也非常有帮助，我们的 80 多位大学生提高得很快，他们不光帮助别人提高，自己也有很大提升。他们的工作内容主要包括：学业陪读、家教、给学生辅导功课、情感陪护、能力培训等。留守儿童有了问题，他们就是知心姐姐和哥哥；能力培训主要是把孩子组成一个个兴趣小组；人格培养主要是培养留守儿童的自信心、爱心；最后是生活陪伴，教他们怎样保护环境等等。在个案、小组、社区、学校和工地这五个空间，他们已经做得非常好，并且这些社工也已经把孩子们的视频发给了他们远在外地打工的父母们。社区则是让留在农村的爱心妈妈、邻家妈妈照顾邻家的孩子，更重要的是让这些妇女成为爱心妈妈、女先生，让这些爷爷奶奶成为老先生，让这些小孩成为小先生，时时刻刻唤醒他们的自信。最近两三年，地球村总结了一些成套的可以传播和推广的流程，但我们需要公共政策，需要大家来呼吁，为我们共同的未来呼吁，为这些留守人群呼吁。

第二，要通过国家政策鼓励这些留守人群组织起来，让孩子们组织起来成为娃娃团，妇女们组织起来成为妇促会。这样，他们就有自信，他们就有精神的光芒。

第三，在农村发展新的产业。我们的外国朋友关注的是我们既有的乡村怎么

做好、产业怎么进入、社会怎么建设、城市怎么提高生活品质。而我们中国的专家更多考虑的是怎样让农村的土地变成城市，把农村人口变成城市人口。所有的关注也许都是有道理的，但对于我这个做乡村建设的人而言，我非常感叹外国朋友们给我们的建议，特别是对产业的建议。要知道，今天的乡村已经不是过去的乡村了，那里有村村通、有网络，现在的乡村是很容易进入的。我们的社工为什么能在乡村里干那么多活？因为那里有 WIFI，随时可以上网。有了这些东西，我们可以尝试新的产业，比如说已经有了这样的妈妈们，她们陪着自己的孩子来到乡村，在那里当老师、办学、进行 MOOC（massive open online courses 大型开放式网络课程）教育，这种模式应该推广，因为它带动的是一个产业。此外，创意产业、养老产业、养生产业等等都是可以进到农村去发展的。

赖文鑫：和平县要在农业、物流、教育三方面积极发展

中国国际城市化发展战略研究委员会副主任、中华两岸和平发展促进会主席

我来自台湾苗栗山区最穷困的农村，我也曾是一名留守儿童，从小跟着奶奶长大。我的老家在广东，因此我曾经以为全世界都是客家人，直到上了小学才知道有普通话，到小学四年级才会讲完整的普通话，在那种封闭的环境中，我就是很典型的留守儿童，所以刚刚讲到关于留守儿童的内容，我非常感动。

十几年前，我就到过和平县，当时是以学者专家的身份去的，我曾对他们提出过三个建议。第一要发展农业。和平县种了很多猕猴桃，是我带着很多专家一起种的。但要发展农业，却不能只卖猕猴桃，而要发展农业产业化。第二要发展智慧物流产业。我建议在和平县建立物流转运中心，因为和平县位于广东省的边缘，是广东向内地城市辐射的一个重要基地。第三要发展教育。我在台湾小学毕业后，由于家里没钱供我继续读书，于是我就背着草席离家出走，并全部凭借自考完成了初中、高中、大学的学业。1981 年，我考取了台湾高等公务员考试国

家土地管理的优等第一名，并一直从事城市规划的工作。后来，我放弃了公务员的身份，进到工厂工作，从生产线作业员开始一路做到了新加坡和中国台湾四家上市公司的执行董事。我讲这些内容的目的是，和平县的孩子也都是客家孩子，我希望他们也一样可以从艰苦的环境中创造出自己的未来，而不要妄自菲薄。

另外，我还有一个建议，我现在是台湾物联网联盟的主席，如果和平县有需求，我可以通过我们委员会给他们一个智慧学习的机会。事实上，和平县这些偏远地区的孩子，通过网络可以拿到与各个高中、大学甚至北大同等的教学资源，因为网络是无国界的，网络更可以解决刚刚我们所提到所有问题，即使家长们远在天边，也可以通过手机随时了解孩子的情况。

最后，我想嘱咐和平县的领导和人民，一定要采取措施更进一步地发展。

于建嵘：解决留守儿童问题，父母必须有一方留下

中国社会科学院农村发展研究所研究员、教授，社会问题研究中心主任、
法学博士，中国国际城市化发展战略研究委员会乡村建设专委会专家顾问

这里，我们主要讨论两个问题，一个是乡村教育的发展问题，另一个是留守儿童问题。两个问题有一些关联，在乡村教育方面，我认为和平县做得非常不错。

我再讲讲关于留守儿童的问题。最近几年，我非常关心这一问题，但我认为，到今天为止，我们所有关于解决留守儿童问题的方法都不足以解决留守儿童的问题，因为只要我们认为城镇化或城市化是一个必然趋势，那么我们就要面临这样一个痛苦的过程，那就是我们的许多农民必须背井离乡在外打工。在这一过程中，我们是不是能够减少留守儿童存在的问题？确实有很多做法，包括廖晓义老师提到的大学生“下乡”，包括Lyna女士讲的拍摄视频等等，但我认为这些都不足以彻底解决留守儿童问题。因为我们是人，和父母在一起生活与不和父母在一起生活是有巨大差别的。我一直不相信一个外来人可以代替父母，因为我们认为亲子

培养是很重要的。

所以，对于留守儿童问题，我有两点看法：第一，我从来不认为夫妻双方必须要全部离开孩子。我强烈建议夫妻双方再怎么困难，再怎么认为外面赚钱多，也要有一方留下。第二，如果夫妻双方都要离开，那么尽一切努力让孩子跟着父母一起生活，因为在人的一生中，只有那么几年时间对孩子来说是最重要的，这就是为什么多年来我始终坚决支持建设所谓打工子弟学校的原因。因为只有这样，打工父母才可以把孩子接到身边。

此外，刚刚各位都提到了发展农村本地产业的问题，这样，父母既不用离开家乡又能就业，但即使没有这些产业，我也不同意夫妻双方全部离开孩子，这就是我对解决留守儿童问题所持的最基本方法。我们可以讲很多道理、理由、方法和社会资源，但我认为有些事情用最简单的方式就可以解决，孩子需要的是父母，而不是让别人代替。

（刊载于《城市化》杂志 2015 年第 5 期）

“新公民园丁奖”：关注流动花朵的守护者

闫迎春　深圳中华三农慈善基金会秘书长

一、项目背景

随着中国城市化进程的加速，越来越多的农民走出农村进城务工，进城农民工子女的数量也不断增加。据统计，目前6—14岁的农民工子女有5800万，算到17岁有8000万。其中3609万是随父母进城的流动儿童，面临着就学和社会融入的双重难题。仅北京就有200多所民办打工子弟学校，教师8000多名。如此庞大的数据后面对应着的是一所所教学条件不足的民办打工子弟学校，一个个渴求知识又家境贫寒的学生，一个个坚守岗位但得不到经济保障的民办教师。近年来，虽然社会大众对民办学校和学生的关注逐渐提高，但对老师重视程度却远远不够，这些灵魂的工程师一再被边缘化。

第八届茅盾文学奖获奖作家刘醒龙在《天行者》中对所描述的20世纪的民办教师群体发表感想，“我希望社会不管发展到哪一步，大家都不要忘记为社会做出贡献的卑微群体。乡村知识分子在那时候的经历，不仅是心灵之痛，更是中国之痛。”进入21世纪，刘醒龙笔下的乡村民办教师群落由于政府力量的推动，正在从大时代的背景下淡出，日益显现的是与民办教师相仿的另一个更加悲壮也更加隐蔽的教师生存群落——城市打工子弟教师群体。

南都公益基金会理事长徐永光先生说，现有农民工子女学校教师队伍中，有着一大批积极向上、乐观坚强、充满朝气和梦想的优秀教师，他们是农民工子女教育的希望。

深圳作为改革开放的前沿阵地，经济发展迅猛，但同样的，外来工和外来工子女人口数量庞大，民办学校成为保障外来工子女享有基础教育学位的主要保证。深圳地区民办学校占了深圳市教育资源的半壁江山，民办学校教师是“流动花朵”（外来工子女）的守护者，坚守在教育一线。民办教育早已是深圳基础教育的重要一翼。但当生活的窘迫成为压在民办学校教师身上的一座大山，当初的教育理想还能坚持多久？在跟许多民办教师交谈中，我们发现教师对自身处境的无奈成为一种普遍情绪。而不少校长告诉我们，教师群体因为从事文化教育事业，一般自尊心比较强，更善于忍耐。一位民办教师则说，“我在民办学校工作了十年，民办教师的辛酸和苦痛，我深有体会。算起来，工资待遇真的还不如进厂做一个普工。”实际上，确有不少民办校长们认为这会引起读书无用论。专科本科读下来，还不如一个保安赚得多，这种想法最终会造成更多外来务工人员子弟失去他们的老师。但是他们依然默默地坚守在教育阵线，坚守着讲台，坚守那一份责任和道义。

据统计，深圳现在的民办中小学约有243所，在校生为37万，占全市在校生的43%，近2.6万名民办教师默默奉献着自己的青春。我们在走访过程中了解到民办学校的老师一般一周都有20节课以上，还要分摊行政工作，基本上没有哪天是不用加班的，民办老师的工作比公办教师劳动量要翻一倍。然而他们的待遇却不及公办教师的四分之一，由于限定民办学校不能提高学费，多年来物价上涨，学费不涨，民办老师的待遇更是一直没有提高。

有鉴于此，我们希望借此项目可以引起社会对民办教师的更广泛关注和帮助。

二、项目介绍

“新公民”特指“农民工子女”，寓意他们在政府公共政策阳光的普照下、在社会各界的支持关心帮助下，健康快乐成长，成为社会合格新公民。

“新公民园丁”指民办外来工子女学校的教师，他们为外来工子女教育默默奉献，是生活在主流社会“面纱”后的一群人。

为了推动全社会关心农民工子女学校教师的生存与发展，表彰为农民工子女教育事业默默奉献的优秀教师，由南都公益基金会、清华伟新教育基金共同出资设立了“清华伟新·新公民园丁奖”，希望通过评选表彰活动，进一步激发教师的光荣感、责任感，唤起社会的关注，支持他们把农民工子女教育工作做得更好。

“新公民园丁奖”在北京、深圳、广州、上海、成都、贵阳、昆明、苏州、温州、银川10个城市同期开展，覆盖外来工子女学校400多所，是唯一一个全国性的打工子弟学校教师的评奖项目。

除了评选表彰农民工子弟学校的优秀教师们，还通过评选表彰年度校长，分享优秀的教育理念和学校管理方法，推动民办农民工子女学校教育质量的提升。2008年至2012年，共计表彰优秀教师和校长2000余位。

三、项目运作：从拒绝到接受

我于2010年把此项目带入深圳，多方筹措资源，在深圳地区开展评选活动。2010年，我们刚开展项目时，遇到了极大的困难和挑战。一开始，我们和教育局等相关政府部门沟通，希望能取得他们的支持，但是都被拒绝了。他们说，我们不可能支持一个民间的活动。我们又和一些社会组织取得联系，但深圳民间组织几乎没有与民办学校合作的项目，所以大都表示无法参与。仅有一家组织表示可以合作，但当我们将相关活动清单及学校数目发给该组织，并请对方给出经费预算时，我们彻底无语了。对方给的预算高达4万多元，在我方给出我方可以提供的最大项目款后，对方再未回复。

我和同事只好开始一所一所学校去做说明动员工作。我们冒着酷暑炎热走访了深圳几十所民办学校，向校长、教师介绍这个项目，但同样也遇到了很大的挑战。很多民办学校缺乏对民间组织的了解和信任，导致大部分的学校都很难相信我们所做所的事情，觉得社会很现实，不可能有“天上掉馅饼”的事情。甚至在进行到项目后期时，一位获得“金粉笔奖”的老师需要到北京参加表彰大会，我请他自己先订机票，回来后再到机构报销。他所在学校的一位校长对我说，看看，还是骗子，否则你们为什么不能帮着定好呢？我解释说，因为项目组怕订了票，有的老师又不去，会造成一定的损失。如果你们实在不相信，我可以个人先帮老师买票，并用我十几年的义工声誉做了保证。

那位老师从北京领奖回来后，给学校领导和师生做了分享，他的亲身经历打动了所有的老师，这位老师也成了我们机构的坚定志愿者。那位校长后来对我说，你们是真的在帮我们，以后只要是你们的活动，我们一定全力支持！听到这里，我感到欣慰和高兴。

2011 年，我们改变做法，联合其他机构一起开展活动，同时通过媒体做了一些宣传。最终深圳地区有 50 所学校参加了评选，并首次在深圳举行了颁奖典礼。

2012 年项目第三次在深圳顺利开展，同时覆盖了东莞地区，经过新公民园丁奖深圳项目组在深圳宝安、龙岗、光明新区、坪山新区、南山、罗湖、东莞东城、石排、寮步等区的民办学校两个多月的走访、学校组织的教师选举、志愿者与教师交流，获得了 77 所民办外来工子女学校提交的 12 位优秀管理者和 162 名教师的参选资料和教师生涯真实故事。并邀请教育局领导代表、媒体代表、基金会领导代表、退休教师等对参选校长和老师进行了一天的面谈会，同期进行了教师生命故事访谈纪录片拍摄。秉着公开、公正和透明的原则，经过了资料评审、生命故事评选和评审面谈会，最终产生了 2 名年度校长及 2 名金粉笔奖和 159 位优秀教师奖。并且联合综合开发研究院在深圳 CDI 大厦举办了隆重的表彰大会及民办教育论坛。

四、项目效果：民办教师受到鼓舞和关注

农民工子弟学校教师长期以来一直处在被忽视的边缘，“新公民园丁奖”作为唯一一个全国性打工子弟学校教师的评奖项目，给了他们一个被了解、被重视、展现个性化风采的机会。一个颁奖典礼并不能表彰所有的教师，我们为他们做的远远没有他们付出得多，而这些老师们心怀感恩，态度谦卑，得到“新公民园丁

奖”的鼓舞令他们非常感慨。上台领奖时，他们纷纷用“幸福、快乐、感恩、健康、大爱无疆”这样的词汇发表获奖感言，虽然工作、生活条件艰苦，但他们在学生们的笑脸、家长们的肯定当中感到了快乐。

2012年深圳“金粉笔奖”获得者李老师，2005年开始在深圳一所民办小学任教，月工资2600元。历年来多次荣获优秀教师、优秀班主任，教学能手等称号。她在日常的教学中，摸索出很多的教学方法。而且很善于因材施教。她认为，人的智力是存在个体差异的，对学习能力较强的学生，李老师会建议他们另配一些课外资料，以拓宽思路；对中等能力学生则要求他们吃透教材；对成绩比较差的学生，则因势利导，由浅入深，体验成功的乐趣，进而引起对学习的兴趣。

对有叛逆心理的学生，李老师就和他们交朋友。有一位女学生不遵守学校规定，把刘海染成了黄色。考虑到这个学生性子暴躁，偏激，简单粗暴的批评制止可能会适得其反。李老师就在中午放学后把她留下，笑着对她说：“不化妆你已经很漂亮了，头发染成黄色更漂亮了，我把你留下来，是想让你给你爸爸带个话，说老师想让他把头发也染成黄色，这样一来，你就不违反校规了，因为你可以说黄头发是遗传。”那位女生感受到了来自老师的宽容和谅解，也认识到了自己的错误。通过这样的方式，李老师纠正了很多学生的不良习惯。

她说，在深圳从教的八年间，虽不乏酸甜苦辣，但学生带给她许多的快乐。她用实际行动践行着教师应该活在责任里、活在义务里。诚哉斯言，善哉斯言！我们深深地为这样的一群民办教师所感动着，鼓舞着。

评选表彰结束后，我们与其他公益组织合作，除了对教师进行项目专业培训（在学校开展的帮扶流动儿童项目）外，还安排了教师的心理咨询培训，家庭教育培训、教学技能培训等，以及项目后续的一些小额资助等。

“新公民园丁奖”正是通过对民办外来工子女学校教师的评选，表彰及肯定这样一群特殊群体的成绩，鼓励和激发他们作为教师的光荣感、责任感，号召全社会关注外来工子女教育发展和外来工子女教师的成长，呼吁社会各界人士助力

“外来工民办教育”，改善民办教师生存状况，支持民办教育的发展。

这些年，通过我们的努力，引起了社会各界对民办学校以及民办教师的重点关注，同时也引起了政府部门对民办教育的高度重视。2012年，深圳市教育局、市财政委联合颁布《深圳市民办学校义务教育阶段学位补贴试行办法》、《深圳市民办教育发展专项资金奖励和资助项目实施细则》和《深圳市民办中小学教师长期从教津贴实施办法（试行）》三项新举措，大力扶持民办教育发展。预计3个配套政策实施的第一年，政府将投入5亿元。政策出台后，全市约有1.4万名教师（约占全市教师总数的70%以上）可享受此项津贴，全市民办教师月平均工资将从3000元提高到3500元左右。

梁启超先生在《少年中国说》里写的“少年智则国智，少年富则国富，少年强则国强，少年独立则国独立，少年自由则国自由，少年进步则国进步，少年胜于欧洲，则国胜于欧洲，少年雄于地球，则国雄于地球。”

祝福我们的老师，祝福我们的孩子！ 他们是中国的希望！

专家点评

吴文媛：今天的打工子弟教育代表未来的城市面貌

深圳雅克兰德设计有限公司总经理、中国国际城市化发展战略研究委员会委员

我是一名规划师，不能用我的职业背景来做点评依据。对闫院长案例展示的概念，我同意90%。我认为，农村现代化比中国未来的现代化要重要得多，所以，我对很多地方政府说，我们要建设多少乡镇的概念是不对的。未来，更多的外来工还是会向大城市流动。由于劳动要素的增长、工资的增长，他们有很大的供给性。他们会说，我会带孩子生活在这个城市，那么我们给这些孩子什么样的教育，也就代表了我们对这个城市未来15年的城市面貌，城市文明和城市精神的期待。

那么，我们要清楚，什么人在从事教育工作、要对他们怀着什么样的心态给孩子做教育？我参加过“新公民园丁奖”的颁奖礼，我认为这些获奖者是非常了不起的，尽管这个奖也有瑕疵，影响力是不是足够的正面值得商榷，但是在中国现在的社会语境之下，做一个冷静的旁观者远不如做一个有瑕疵的行动者重要。

李迪华：民办教师所做的工作让看不到希望的人看到了希望

北京大学景观设计学研究院副院长

就这个案例，我整理了三点意见。

第一，当我们讨论的话题无时无刻不在围绕留守儿童、流动儿童未来的时候，我内心感觉到的是无比凄凉和悲哀。因为我们时时刻刻都在说复兴、盛世的时候，我们听到的是贵州毕节留守儿童闷死在垃圾筒里，兰考以捡垃圾为生的袁厉害收养的孩子在大火中被烧死，袁厉害女士悲痛欲绝，她说我只希望他们活着，这就是我们不得不面对的现实。社会学家和心理学家已经反复在呼吁，儿童3到6岁期间如果不能建立起跟父母之间的感情，那么这些孩子一生都不会有健康的心理。社会学家也反复告诫我们，儿童如果在6到12岁之间没有亲情，没有受到社会公平待遇，那么他们一生可能都容易走向极端，会孤独、仇视社会。大家浏览一下网页，各地媒体都有报道未成年留守儿童用极其残暴的手段杀害别人或者家人。这种例子太多了，也就是说，社会学家和心理学家的这些呼吁已经在我们生活中证明了，可是这些事情到底对我们重新认识这个社会，或者说在我们思考重构这个社会过程中发挥了什么样的作用。

第二，大家应该清晰地记得，几年前教育部突然下文说，在规定时间内彻底清理民办教师。这个文件出台之后，厦门大学的易中天教授义愤填膺，他在报纸上怒斥教育部“你不是人养的”。几年之后，我们看到，民办教师仍然是西部地区、农村教育的支柱。在北京、上海、深圳这样的大城市，民办教师仍然是打工子弟学校的支柱，这些城市掩耳盗铃，不断想方设法撤销打工子弟学校，可是，这些孩子怎么办？许多孩子因此失学。我想，这些现象的存在，可能正是我们这个“新公民园丁奖”的价值。

尽管他们的工作杯水车薪，但是大家想象一下子孙后代的教育问题，这些微薄之力是一个水分子。到底他们能发挥什么样的作用？从我自己内心来说，感觉不到希望。但是从另外一个角度来说，在救助、在帮助、在扶持留守儿童方面，他们所做的工作让看不到希望的人看到了希望，让处于绝望中的人感受到了未来。可能这些行动是有瑕疵的，是微不足道的，是难以撼动更大力量的微弱力量，但在未来的中国社会，我们一定会看到这些人曾经做过的努力。

第三，我想质问的是，凭着自己良心在服务社会的人能唤醒当政者吗？能唤醒当政者把用在机关幼儿园上千上亿元的经费用于农村教育吗？能把巨大的国家经费用在省重点市重点学校的经费用到农村学校去吗？能用到留守儿童的学校去吗？我们中央领导人能不去清华北大，而去农村留守儿童的学校看一看吗？

（刊载于《城市化》杂志 2013 年第 1 期）

合作性公众参与改变土地命运

——在乐从镇北围片区空间概念规划中的探索

吴文媛　深圳市雅克兰德设计有限公司总经理
中国国际城市化发展战略研究委员会委员
刘小艳　深圳市雅克兰德设计有限公司规划师

一、引言

在对城市规划基本属性的描述中，有“公共政策”和“民主性”两条内容，这要求城市规划在对社会资源进行再分配时，能够充分考虑和代表最广大人民的利益。然纵观我国现行各层级城市规划的编制过程，从总体规划到详细规划，莫不是“以权为本”式的权利意志主导，规划师作为有限，公众的声音更是无从发出。由此而来的规划方案付诸执行后，常常引来社会各界的不断诟病，更为严重的是规划导致的大面积拆迁冲突和城市多样化价值的丧失，使民众普遍对政府及城市规划产生失望和抵触情绪。

西方城市规划领域，也曾有过类似的困境。战后一、二十年间，西方国家开展了“大扫荡”式的城市开发建设活动，基于行政精英和技术精英美好想象的全新公寓以及便捷的高速公路网等建设成果非但没有得到公众的认同，反而激起了广泛的公众抗议。规划界由此开始反思，其时，倡导规划理论、交往规划理论、协作规划理论、激进规划理论逐渐涌现出来，加之城市多样性被明确为其核心价值，公众参与城市规划被高调提出并不断发展，自20世纪60年代中期开始已成为欧美众多发达国家城市管理行政体系中一个非常重要的法定环节。

1969年，谢里·安斯坦（Sherry Arnstein）在美国规划师协会杂志上发表了著名的论文《市民参与的阶梯》（A Ladder of Citizen Participation），对公众参与的方法和技术产生了巨大的影响，为公众参与成为可操作的技术及可评估的体系奠定了定理性的基础，至今仍广为世界各地的公众参与研究者和实践者所采用。谢里·安斯坦把公众参与分为八个阶梯，从低到高分别为：(1) 操纵（Manipulation）、(2) 治疗（Therapy）、(3) 告知（Informing）、(4) 咨询（Consultation）、5 展示（Placation）、6 合作（Partnership）、7 权力转移（Delegated Power）、8 公民控制（Citizen Control）。

作为一个善于学习吸取别人长处的民族，为应对城市规划的困境，自20世纪80年代起，我国也开始了对城市规划公众参与的讨论和探索，并已在2008年1月1日开始执行的《中华人民共和国城乡规划法》中有所体现：城乡规划报送审批前，组织编制机关应当依法将城乡规划草案予以公布，并通过论证会、听证会或者其他方式征求专家和公众的意见。公告的时间不得少于30日。组织编制机关应当充分考虑专家和公众的意见，并在报送审批的材料中附具意见采纳情况及理由。

然鉴于我国现阶段快速发展对规划工作时效性的要求，以及公众参与组织工作的复杂性，公众参与的实际操作在我国尚处于初级阶段，仅在局部范围内及特定层次上有所尝试，并未全面广泛开展，且由于咨询开放有限，市民可参与的实际程度较低。根据谢里·安斯坦（Sherry Arnstein）的公众参与阶梯理论，我国现阶段的公众参与最多仅停留在前五个阶段，即操纵、治疗、告知、咨询、展示，还属于象征性参与，公众的意愿和声音难以真正被采纳，更难言带来公共政策的修正，最广大人民的利益难以被体现。

2011年我公司承担了《乐从镇北围片区空间概念规划》编制项目，设计团队尝试与公众合作，让公众自主决定他们的城市要如何发展，发展成何种样子，这一探索过程刷新了我们的工作经验，也改变了当地市民对规划的印象。该方案于2014年10月29日获得第六届世界健康城市联盟会议空间设计优异奖。

二、乐从镇北围片区项目概况

乐从镇位于佛山市中心组团新城区——东平新城的南部，珠三角主要出口地区之一——顺德的西北部，距广州市仅 30 公里，毗邻港澳深。东平河、顺德水道夹镇而流，325 国道贯穿南北。依托便利的水陆交通条件以及珠三角地区雄厚的制造产业基础，乐从人民自 20 世纪 80 年代起弃农从商，大力发展商贸流通，呈现出典型的“马路经济”沿国道发展模式。历经 30 多年的磨砺，乐从镇逐步形成了以家具、钢材、塑料三大专业市场为依托的商贸型新市镇。

与“世界第一家具商贸中心”“全国最大钢铁贸易中心”以及“华南最大塑料市场”相对应的，是沿 325 国道巨大的家具城与依然未现代化的村庄同在，运送钢材的重载车与轿车、摩托并行，过境交通与商业街同道等等的“半城市化”状态。各种产业用地价格畸高，交通事故频发，城市服务与发展的巨大落差影响了产业的扩展和升级。随着东平新城建设推进、佛山一环建成使用，以及“同城化”、“一体化”引发的轨道交通建设高潮的到来，乐从面临“重构城市骨架、提升城市功能、调整产业空间、构建魅力乐从”的课题，乐从政府也开始谋划搬迁城区的专业市场，重塑城市品质空间，将家具、钢材、塑料三大专业市场整合于乐从镇东南角的北围片区。

北围片区北靠佛一环，西邻 325 国道，东南被顺德水道环绕，总用地面积约 13.9 平方公里。片区土地利用现状：约 49.2% 为农业用地，21.5% 为工业、商业、道路、市政等城市建设用地，另外 29.3% 为村庄、水域及未利用地。该片区包含两个村庄，常住人口约 8000 人，常住外来人口 1.2 万以上。

三、规划走向“众筹”的过程

（一）任务与愿景

政府的初步设想是将北围片区打造成一个纯粹的物流园区，包括部分深加工和展贸功能。给我公司的任务如下：⑴基于产业分工、产业链及经济圈层的分析研究，给出合理的产业定位并建议适合片区发展的产业簇群；⑵在大量分析研究的基础上，制定片区概念性总体规划的设计理念和思路；⑶坚持可持续发展的原则，既强调规划方案超前性，又注意规划的可操作性和逐步滚动开发的要求；⑷处理好北围片区与周边地区发展和建设的关系。

在这些无可挑剔的目标下，实际的任务是：搬迁村庄，整理土地适应大型物流园区发展，且本地区不拟发展居住及相关设施，一举形成佛一环以北建城，以南纯产业的乐从镇域格局。

明确了项目的任务后，我们访谈了数家相关物流企业，得到的反馈是对政府产业搬迁计划的普遍支持，我们也走访了片区内涉及搬迁的多家村民，得到的答案也是只要补偿足够，愿意配合政府搬迁。

然而在解读政府任务书时，问题出现了。片区现有的家具市场，拟迁入的钢材和塑料市场，加上物流、商业及配套服务人员，未来片区最低也有6万的就业人口，假设片区内解决2万人口的居住需求，每日还有最少4万的通勤人口（据统计，即便最有效的公共交通，实际客运量也只能达到每小时2万人次），随着片区产业的发展，人口的集聚，城市交通的再次恶化将不可避免。如此看来，单纯满足企业用地需求的产业搬迁，并不能达成“城市升级”的目标，反而可能更添其乱。

而作为乐从最后一块相对完整独立的地块，北围片区是形成乐从镇，甚至影响到东平新城格局是否成立的关键一步棋，因此，我们说服政府同意我们就发展愿景展开公众参与程序，减少决策的片面性。

（二）设计公众参与模式以提炼发展愿景

公众参与的成功基于行之有效的参与方式能够准确表达民意。我们找寻了国内几家专门从事公众参与的机构，但他们的工作内容都仅限于前期民意调查及公共聆听，属于“咨询”式的“象征性参与”，与我们的目标有差距。多方交流后，我们选定了一家做产品市场研究的顾问公司——香港 Cimigo 来协助我们，因为他们建议采用的一种调研中经常使用的高级统计方法，即“最大化差异度量”(Maximum Difference Scaling，MaxDiff)，我们认为将是一种对本项目非常行之有效的工具。

Maxdiff 是一种离散选择模型，最早由乔丹路夫耶尔（Jordan Louviere）在 Alberta 大学学院描述，通过 Maxdiff，调研受访者被展示一组可能的项目，并被要求指出最好和最坏的项目（或者最重要与最不重要，或者最具吸引力与最不具吸引力，等等)。根据路夫耶尔的描述，Maxdiff 假定受访者在陈列的数据集中评价所有可能的项目对比，并选取出体现偏好或重要性的最大差异的一对项目。Maxdiff 可以被认为是一种变异的配对比较的方法。考虑一个受访者评估四个项目的数据集，A、B、C、D，如果受访者说 A 最好，D 最坏，这两个反应告知我们在六个可能的对比项中还有五个隐含的配对比较：A> B, C, D, B ＞ D, C ＞ D。

最初，Cimigo 对这个工具用于社会调研是完全陌生和有顾虑的，其实是在我们配合完成问题提炼和问卷设计后，他们才逐渐消除了顾虑。为搜集 Cimigo 要求的原始数据，我们对片区规划利益相关人（包括政府部门、居民、工人、业主和雇主等）进行了广泛的访谈，以收集他们对于乐从片区城市发展最关注的问题。收集到的问题有数十条，涉及方方面面，我们将其归纳总结为 29 个议题，罗列如下：

◎创造便捷的区域道路通达性和停车条件

◎创造便利的城际交通联系

◎减轻道路的拥堵

◎方便到达工作地点和学校

◎触手可及的社区配套设施（商店 / 运动场 / 公园）

◎创造多种便捷的公共交通方式（自行车 / 摩托车 / 的士 / 大巴 / 轻轨）

◎安全的道路及人行路环境

◎方便的步行和自行车环境

◎创造良好的商务和就业的机会

◎有足够的土地用于发展

◎与众不同的城市风貌

◎保持文化特征，包括本地的风俗和生活方式

◎更经济的可租赁的房屋

◎更高的土地和物业回报

◎支持本地食品（品质/饮食文化）

◎更少噪音和更少空气污染的洁净环境

◎节能的居住和工作场所

◎更环保的居住和工作场所

◎当地水源及供水的品质

◎鸟类和动物栖息的自然绿地

◎提供足够的社区公共设施（剧院/图书馆）

◎休闲娱乐的机会（运动设施/公共公园）

◎休闲娱乐的机会（购物中心/超市）

◎保健设施的便利性（地理位置/服务品质/等候时间）

◎成人教育、再培训、工作现场培训

◎更为洁净安全的工作环境

◎友好及互助的社区

◎社会治安和人为破坏的防范

◎自然灾害防治（台风/洪涝）

Maxdiff 是一项专门针对产品的研究工具，通常仅适于在少数几项产品中做偏好选择，而作为社会调研，此次我们收集归纳的议题有 29 项之多，受访者很难一次在如此众多选项中进行取舍，因此我们配合 Cimigo 改良发展了这项工具。

我们将这29个议题每次仅选4项，排列组合成12组比较集（每组4个比较项），为使每个议题都被充分比较，我们共设计了10个不同版本的问卷（每一份问卷都包含12组不同议题的比较项），每个议题都将数次出现在不同的比较集中。受访者每次只需对4个议题进行比较，非常容易进行选择，而通过对不同议题间的多次组合比较，不断取舍，各议题的相对重要性最终将自动浮出水面。

我们定向发放了1500份问卷（受访者包括乡村居民、政府部门、制造业人士、教育界人士、健康产业的工人），回收有效问卷720份，政府配合我们发放及回收，并对受访者进行解释说明。每个议题最少出现1000次，调研结果合乎科学统计原则。

问卷中的比较集示例如下：

问题：以下您将会看到几项社会议题，您最关心哪一项？你最不关心的又是哪一项呢？

（三）组织第一次“参与式工作坊”进一步明确愿景并确定方案发展方向

在城市规划领域，“专家研讨会”已成为惯常的咨询方式，但研讨会通常是由台上的主持人以及报告人先行报告，此时台下的民众只能做单方面的聆听，或在会后发问讨论，且参与者通常仅限于少数技术精英或部门负责人。

“工作坊”一词最早出现在教育与心理学的研究领域。20世纪60年代，美国的劳伦斯·哈普林（Lawence Harplin）将“工作坊”的概念引用到都市计划之中，成为可供各种不同立场、族群的人们思考、探讨、相互交流的一种方式，甚至在争论都市计划或是对社区环境议题讨论时成为一种鼓励参与、创新，以及找出解决对策的手法。工作坊的角色有三种，分别为“参与者”、“专业者”、“促成者”。参加活动的人被称为“参与者”，如：群众。具有专业技能，对于进行讨论之专业主题直接助力者被称为“专业者”，至于主持及协助工作坊进行的人则被称为“促成者”，促使工作坊有效推动的人包括如何让参与的民众彼此之间进行有效的沟通，或是协助参与者在讨论的过程中发现并提出问题，但绝对不是强势地为参与者做出决定。

回收统计完调查问卷后，我们在政府的协助下组织召开了第一次工作坊。我们从前期问卷调研的受访者中，按各相关利益群体的比重，邀请了30位（5组，每组6人）人士来作为参与者。工作坊第一项议程是发放之前制作的调查问卷给30人现场作答。第二项议程是设计方（专业者）介绍项目的现状分析情况及设计思考，并公布两次问卷调查的统计结果，现场的30份问卷与前期已回收的720份问卷统计结果具有高度的一致性。

总体来看，各个不同组别代表一致认为以下有关乐从镇未来增长的议题应作优先考虑：

1. 洁净环境——针对噪音及空气污染问题；

2. 道路／交通——减少拥堵、多种便捷的公共交通方式、城际交通联系、镇内道路的通达性及道路安全；

3. 当地水源及供水的品质；

4. 个人安全／治安；

5. 创造良好的商务和就业的机会。

不同类别人士对各项议题的重视程度也存在分别，如制造业人士最关注的五个议题是：

1. 创造良好的商务和就业机会；

2. 减轻道路的拥堵；

3. 更少噪音和更少空气污染的洁净环境；

4. 创造便利的城际交通联系；

5. 社会治安和人为破坏的防范。

我们原先设想他们应该最关注“有足够的土地用于发展”，但实际上这却在他们关注的前10项议题之外。

政府部门最关注的五个议题是：

1. 更少噪音和更少空气污染的洁净环境；

2. 减轻道路拥堵；

3. 创造多种便捷的公共交通方式；

4. 创造便捷的区域道路通达性和停车条件；

5. 社会治安和人为破坏的防范。

而之前他们最在意的用来发展产业的足够土地，在重要性调研结果中竟位列倒数第5，设想为发展产业可以被牺牲的洁净环境，却位列第1。

在参与者对自己最关注的问题有了真实的认知之后，工作坊的第三项议程是让他们现场描绘对于片区未来发展的愿景。在充分的相互沟通、共同思考之后，各组成员都给出了数条非常清晰明了的愿景描述，我们将其概括提炼为：打造一个商业持久繁荣，环境永续优美，交通出行便捷，社会健康和谐，历史特色鲜明，人才产业汇聚的新型滨水小城市。

有了明确的愿景之后，我们又组织参与者相互交流，共同探讨方案。最后达成的共识是，北围片区不应只是一个单纯的物流园区，而应是一个居住、产业、公共服务共同发展的综合城区，设计方应提交在符合总的愿景基础上，分别侧重经济、社会、生态三个不同发展方向的3个设计方案以供选择，也就是说，本次工作坊实际形成了有效的设计任务书。

（四）初步方案的提出

基于第一次工作坊确定的方案发展方向，我们提出了三个发展模型，分别是：A、经济发展主导型，B、社会发展主导型，C、生态保全主导型，三个模型均在兼顾经济、社会、环境三个主题之外各有侧重。

方案A的设计原则是：产业用地尽量靠近交通干道及码头，交通联系主要集中在产业及其发展区域，围绕产业发展、城市居住和公共功能，尽可能多争取开发用地，只保留两个特色村及基本农田保护用地的部分，绿色只在主要水系一带保留，客运交通枢纽靠近商务人流集中区域。

方案B的设计原则是：以村落生长更新及新城市特色化发展为中心的土地分配原则，城市核心功能与产业之间有绿化带隔离，以就近上班为原则在周边分布产业，交通枢纽尽可能处于人口密度中心，多类型居住人口均享公共服务资源，镇中心提倡步行及提供免费自行车服务，建设一个适合步行的城市，区域发展是一个不断递进的过程，不在短时间内做过大体量的开发和改造。

方案C的设计原则是：以地块原有生态图底为设计蓝本，重视自然生态系统的发展和绿色的连通设计，尽可能保持村落生产生活方式及用地，含有大规模绿色公园的新城，集约在客运交通枢纽中心周边发展，交通尽可能外挂，保证核心部分的生态自然结构，限制人口及产业扩张。

（五）组织第二次“参与式工作坊”以审视方案

带着3个发展模型，我们组织召开了第二次工作坊，再次邀请了30位（5组，每组6人）背景范围广泛的利益相关者，开展了一整天的活动，用第一次工作坊讨论出来的“观点和目标”来审视可供选择的3个模型及其可能造成的潜在影响。每个参与者现场对三个方案进行评分，按第一次工作坊调查问卷所列的29个议题分子项计分，每一子项最高分值5分，表示该规划方案很好地解决了该子项问题，最低分值1分，表示该规划方案根本没有解决该子项问题。对参与者的现场评分表各子项进行加权比重，得出三个模型的总分值分别是：方案A——5386.049，方案B——6463.834，方案C——6184.991。

A方案的商业环境、就业机会和道路交通条件比较理想，符合产业片区发展的需要，但随着产业发展带来的社会问题和环境问题也是最严重的，不符合北围片区可持续发展的愿景，因此评价指数最低；

B方案在关注产业发展的同时，注重人文环境、公共配套及交通条件的可持续发展，形成一个功能复合、宜居宜商、生命力旺盛的新型产业城区，更符合未来片区人居发展的需要，更适合未来北围片区三大产业理性化的持续发展，B 方案的综合评价指数最高，为北围片区未来较理想的发展方向；

C 方案虽然环境条件更为理想，更容易形成宜人和富有城市特色的区域，但对经济发展片区来讲，实现起来有一定难度，且会牺牲部分经济利益，不是很适合北围片区的定位及产业发展。

在充分讨论的基础上，参与者普遍认为，要取得片区长远的可持续发展，不应单纯地关注经济和产业的发展，而应更多地考虑社会和生态的和谐。最终达成的共识是在 B 方案的基础上，吸收 A、C 方案的优点，特别是 C 方案在环境方面的宜人理念进行方案深化。

（六）组织小规模“研讨会”以反复修正完善方案

依据第二次工作坊的审视及讨论结果，我们完成了正式方案，以社会发展为主导，同时兼顾经济发展与生态环境保护。设计要点如下：

◎城市文明创造出社会种类群体诚信和睦相处，社会安定有序的城市文明体系。

◎城市特色适当保留本地现状风貌、田园生活方式及历史建筑，同时表现产业新城风貌。

◎健康和幸福从基本安全到有所保障到安心幸福的生活保障系统。

◎环境良好的人与动物都能乐享其中的环境。

◎交通便利有效的交通系统和多样化的出行模式。

◎休闲娱乐有地方特色的多样化的休闲活动场所。

◎配套设施完善、便利的生活保障及社会配套。

◎产业创造适合引进高端人才的生活和就业环境，促进产业升级。

◎教育有品质的教育，再教育系统。

◎传统文化保留适当的自然和人文传统。

带着正式方案，我们又组织了一次小规模的研讨会，与利益相关者一起，讨论方案的每一个细节是否合理，如果不合理该如何修正，方案后期该如何推动等等。通过不断的交流、充分的意见碰撞，一步步修正和完善我们的规划方案。

（七）方案的推动以及过程的弹性

为了确保我们的设计方案是切实可操作，有利于政府部门具体实施的，我们建立了一系列土地计划，这些计划大致分为三期，初始阶段的目标是建立指导土地销售和开发利用的区划，启动相关基础设施项目，建立绿色基础结构，改善环境，为后期发展做好准备，提供临时土地使用，增强长远发展规划的灵活性。中级阶段的目标是保证组团用地的发展，对发展用地以外的区域进行保护和管理，开展旧区城市更新项目。第三阶段的目标是发展现代化运输系统，创造品质生活环境，提升城市的文化价值。每一阶段项目的完成都标志着下一阶段项目的开始，项目的建立不以时间为导向，而是以前期项目的完成为依托。

同时为了更易于政府部门操作，在每一阶段下，我们提出基于发展愿景的若干策略，并制定了达成愿景需要开展的具体项目列表，如疏通河道、建设交通转换中心等等。在总体目标明确的前提下，具体的发展项目可在实施过程中根据实际情况和形势不断被调整和优化。

四、结论

公众参与的有效开展，要求政府和规划师具备良好的职业素质之外，还要求公民具备负责任的“主人翁”意识及“参与”意识，在北围片区空间概念规划方案中，我们发现工作方法至关重要。一个负责任的公民，需要权衡需求和可能，远期与近期，个人幸福与他人发展等方面。通过正确的方法将人心底真正的需求挖掘出来，也容易达成共识。

通过综合运用实地访谈、调查问卷、参与式工作坊、方案研讨会等多种公众参与的方式，在深入了解民众真实意愿的同时，也一步步引导和激励他们积极行动，以主人翁的角色共同参与到城市规划的过程之中。如此，我们的规划方案完全基于当地民众自己的意愿而作，而不是基于规划师的假设和想象，并接受了公众的审查和检验，依据他们的意见不断修正方案，而不是被权利或某个利益阶层绑架。

根据谢里·安斯坦（Sherry Arnstein）的公众参与阶梯理论，我们的这种方式已达到“合作”阶段，政府、规划师、当地民众三方通力合作，政府作为促成者，辅助整个过程，规划师作为专业者，提供技术指导，民众作为参与者，拥有实际的选择权，是“实权的参与”，规划的民主性和公共政策属性得以体现。

（刊载于《城市化》杂志 2015 年第 6 期）

郝堂村：建设农村内置金融促进社区综合发展

李昌平　中国乡村规划设计院院长
中国国际城市化发展战略研究委员会委员

在过去的时间里，郝堂村——这个位于河南省信阳市平桥区东南部山区，全村 18 个村民组，总面积 20 平方公里，总人口 2140 人的村庄，和中国的大多数村庄一样，似乎将归于“沉寂”。这是一个正在凋敝的地方，一只无形的手总是将村庄里的年轻人有组织地带往城市，伴随而来的是土地、资金、人才等要素的长期净流出，并留下孩子、妇女，还有孤单的老人。一年中的多数时间里，村庄都缺乏壮年的男性劳力，以至于很多田地和农业基础设施都日渐衰败，耕地被荒弃。

村民仅靠种地不能养家糊口，只有靠外出务工维持生计，然而劳动力工资长期以来却没有随着国家经济的增长而同步增加，农民在乡村难以生存，村庄自然日趋凋敝。统分结合的双层经营体制作为农村的基本经济制度，分的彻底，统的不足，上层建筑村支两委因无经济基础作为支撑，凝聚力日益下降，村庄犹如一盘散沙。

传承中华文明传统的乡村理不应如此，在城市化加速的同时，城市和农村不应是狼吃羊的关系，应该是共生共荣协调发展。探索和寻求促进土地、资金、人才等要素向乡村回流的途径和方法，建设在生态文明背景下，传承农耕文明走共同富裕道路的村社共同体，用理想和共识凝聚农民应该是新农村建设的目标。

一、建设新农村，先建新金融

现存的金融制度与农民的产权制度不相适应，农民的土地等财产权不能或者很难抵押贷款，必须建立新的金融以适应农民财产权变现要求，让农民的经营权、财产权作为要素变现或流动起来。

作为河南省的“农村改革发展综合试验区”，郝堂村所在信阳市政府在农村金融改革和新农村建设方面做出很大努力。为了农民获得金融服务获取更多的发展机会，连续出台了一系列关于农村金融创新的文件，并为农民办齐了土地承包、宅基地、房产、林权和养殖水面等“五证”以用作贷款抵押。可是当农民拿着“五证”，贷款难的状况依然没有改变。第一，农民贷款规模小，成本高。把一亿元资金贷给一个企业，一个信贷员就够了，把一亿元资金贷给几万农民，需要几万个信贷员；第二，信息不对称，风险不可控。钱贷给企业，企业的财务是透明的，风险是可控的，农民不行；第三，小农的土地、房屋等抵押品在社区外不可转让和有效经营，抵押物难以变现。

郝堂村夕阳红养老资金互助合作社，正是以社区内置金融为核心框架建立的农民主导的农村金融组织。在不改变土地农民集体所有和农户承包经营制度的前提下，建立以农民为主导的农民村社组织的内部金融，金融组织的利息收入归社区内部农民所有。以 5 万元公益性（不参与分配）资金，调动社会有孝心和爱心人士的闲钱，建立以社区老人为主体的养老资金互助社。每位老人入社 2000 元，并以老人为主体管理养老资金互助社。年轻人向老人申请贷款，利息收入主要用于社区老龄社员养老。农民土地、房产、林权、养殖水面权证可以在养老资金互助社抵押贷款，在社区内部作为有效抵押物变现流通，合作社也是集体经济和村庄内部的金融中心，为村民和其他经济合作组织提供信贷服务，促进村民家庭经济发展、社区合作深化，并在社区金融组织稳定和发展壮大的同时，壮大农村集体经济，促进农村社区综合发展，最终建立牢固的农村村社共同体。

只有让村民亲自参与制定资金互助合作社章程，村民才能自觉遵守合作社制度。合作社制定建立的过程可谓“辛苦”，信阳乡村建设协作者中心的协作者与村民一起，在“吵架”的氛围里花费两个白天和两个大半夜，从章程的名称开始，讨论互助社建立的意义，社员、社员权利、治理结构、风险控制、业务流程以及各种规章制度。吵的过程，就是村民互相之间说服、妥协、教育、学习、统一认识、统一行动的过程，就是达成契约的过程，就是凝聚力提高的过程，章程就是村民所达成的契约。在这个过程中，所有的贡献都是农民的，是农民自我发扬内在潜力的结果，其他都只是一个协作者。

养老资金互助合作社发展起来后，在村庄起着“四两拨千斤”的作用。一是老人作为资金互助合作社的主体受尊重，孝道在农村社区受到褒扬，且养老问题逐步得到解决。二是养老资金互助合作社帮助当地盘活了资金，提升了村民凝聚力。不仅促进农户家庭经济发展，而且重建了村社共同体和共同体经济，带动了村庄及周边社区新农村建设的大发展。三是培养了一批本土熟练的农村建设协作者，明显提高了村民的参与意识。

互助合作社坚持“开放和创新农村金融，要有利于完善农民的自主性和自主权，有利于农民成为农村建设和发展的主体，在绝对尊重‘社区为本、农民主体’”的基本原则上，秉承“资金互助促发展，利息收入敬老人”的理念，依法开展以资金互助为核心的生产经营互助合作，为社员提供资金、产权流转、技术、购销、信息、咨询、养老等服务，最大限度地促进本村经济发展，增加社员收入，不断增进老年人福利。自 2009 年 10 月成立至今，资金规模从最初的 37 万元增长到 230 万元，老年人分红在 2011 年底增加到 720 元 / 人，集体经济收入由不足 8 万元增加到 35 万。养老资金互助社和国家养老保险解决了资金问题，郝堂村老人养老方式可以多元化选择：在家养老、乡镇养老院养老、村庄居家养老服务中心养老。郝堂村居家养老服务中心，为老人设立公共活动的空间，配备老年化服务设施，提高社区老人老年生活品质。

二、内置金融的发展带来村庄治理结构的变化

村集体成立另一个集体经济组织——绿园生态旅游开发公司，从工商注册、

组织架构、治理结构、经营理念开始培养村民成为公司职员，村支两委成员、村能人和年轻人作为公司的管理层。在村庄建设之初，由村集体的开发公司自主开发土地进行建设，公司既不需要找银行贷款，也不依赖财政资金（财政仅仅通过贴息4%），而是通过养老资金互助社贷款就可以筹集到新农村建设所需资金。在新农村建设过程中，作为集体经济的组成部分，不仅养老资金互助社实现了稳定的利息收入，入社老人的养老分红也得到增加，同时有力地促进了村庄建设。

夕阳红养老资金互助合作社和绿园生态旅游开发公司两个村集体经济组织共同发展，形成了以夕阳红养老资金互助社为核心，绿园生态旅游开发公司为主体的郝堂新集体经济联合体，形成了以村民大会或村民代表大会为决策层，村支部和村委会为政治组织，绿园开发公司和夕阳红养老资金互助合作社为集体经济组织的农村社区治理结构和党、政、经集体决策机制。

有了力量的村集体开始谋划更大的发展，为郝堂村民带来更多的福祉。作为中部的一个普通小山村，郝堂在自然资源、交通区位、农业产业等均没有优势的情况下，如何让村庄承载着历史的记忆，传承农耕文明和乡土文化，在村庄建设过程中保护村庄的历史文化脉络是郝堂村的建设者认真思考的问题。

通过半年多的调研评审，2011年，平桥区委、区政府决定启动郝堂可持续发展实验村—“郝堂·茶人家”项目。他们认为村庄建设的过程是人心凝聚的过程。为此，他们首先在村庄推广垃圾分类。建立资源分类体系，通过全民参与、形式多样的垃圾分类活动，让村民感受到村庄的美丽变化，唤醒对青山绿水、田园风光的美丽乡村的记忆，凝聚人心，提高对村庄的认同感和自信心。

其次帮农民盖房子，在帮农民建房子过程中，十分重视和保护村庄的历史文脉和发展肌理，把艺术还给农民，让村民重新发现村庄的价值，增强村民对自己村庄发展的信心和认同感。郝堂村在建设中按照“把农村建设得更像农村”、“同农民一道建设新农村”和“农村建设过程就是增加农民就业岗位的过程”的乡村建设思路，倡导以自然生态、有机环保、生产发展、农民受益、可持续发展为主导的新农村发展理念，为承接逆城市化发展过程和生态文明时代而设计，探索“农村是有价值的、农民是有尊严的、农业是有前途的”新农村发展之路。“郝堂·茶人家”项目开展以来，一直坚持“不用或慎用财政资金”，“多用金融方式少用财政手段”来促进村庄自主综合发展。目前，利用财政补贴和贴息的方式鼓励村民参与改建和新建房屋60多户，筹措资金800余万元，整合项目资源调动社会资金3000多万元，而调动这些社会资源仅仅只需110万元政府财政资金，通过金融杠杆作用充分发挥财政资金的最大效益和作用。有特色的村庄建设带动以生态休闲、观光农业为引领的近郊乡村旅游，已开办各具特色的农家乐、茶社、客栈等20余家，解决45户家庭就业问题，形成区域性自然景观生态区。

三、探索农村环境保护模式

在新建和改建房屋的过程中，对村庄整体环境的保护已经深入人心，村民在政府的引导下对农村环境保护模式的进行探索。恢复自然湿地系统和建设集中式无动力湿地污水处理系统，采用最经济简便的方式最大限度地降低农村水污染问题；对村民原有的住所进行改造，减少了山林、土地的浪费，避免大拆大建，在改造房屋过程中改水、改厕、改厨、改圈，建立家庭人工湿地污水处理系统20处，三格化粪池卫生改厕450户，建设120户家庭户用沼气，实现低能耗、零排放、无污染，在欣赏田园风光的同时享受城市文明的生活环境。

在政府引导下对农村可持续发展方式进行探索，将农业的产业化和服务业化作为农村可持续发展的支撑。在探索的过程中，农民作为农村建设的主体，始终全方位参与规划，在全村1900亩农田种植紫云英等绿肥，修复土壤有机质，减少农药化肥使用，发展有机农产品种植；房前屋后栽植桃、杏、梨、柿子的适宜生长的小杂果，路边种植格桑花、连翘、野菊花等花卉植物，即作为景观吸引游客又防止了垃圾污染；修复1500亩古茶园，唤醒尘封已久的茶文化历史，重新开始了说茶、品茶、论道；对全村的水系、山林等进行调整和修复，承接生态村建设和未来逆城市化发展需要。

村庄年轻人开始活跃起来，参与农村公共事务等社会管理。郝堂把村庄周边150亩荷塘、五泽茶社、茶馆等作为大学生创业园，由大学生村干部牵头，吸纳村里优秀的年轻人参与经营管理。一年多来，年轻人对村庄事务的责任心和自觉意识增强了，经营理念和开发思路开阔了，为村庄的后续发展储备了一批人才。

根据基线调查分析，全村存在剖腹产率偏高、抗生素过度使用，老年人对慢性病认知度低的现象。郝堂村在全村以家庭为中心，重点关注妇女、婴儿和老人，以乡村计生体系队伍和村医队伍为依托，与NGO组织深度合作，开展“以健康为时尚，当健康明白人”的系列健康服务进家庭活动。通过培训、外出交流、自身参与等方式传输更多的健康教育、科普知识理念，降低油盐摄取量和抗生素的滥用，将免费体检纳入新农合，政策性倡导自然分娩和母乳喂养，开展糖尿病、高血压为代表的慢性病防治，转变村民的健康理念和健康行为，对村民生活行为方式进行干预和促进。

郝堂村一直致力于寻找乡村教育的价值，发挥大自然对孩子精神成长的作用，促进国民教育与社区教育相结合，把乡村小学建设成为农村文化教育中心，成为乡村社会家园的象征和载体。郝堂宏伟小学是“郝堂·茶人家”项目重要组成部分，按照自然教育、生态环保、艺术人文和可持续发展教育相融合的绿色学校建设理念建造而成。学校占地28亩，集幼儿部、小学部、教师宿舍为一体，内建有全国首家投入中小学使用的尿粪分离式厕所，于2012年9月正式启用。村小学是以可持续发展教育课程建设为载体，以环境与科技创新教育为特色，设置茶艺、农作、陶艺等特色校本课程，突出学生自主探究与团队合作能力，秉承可持续发展教育、自然教育理念筹建起来的自然小学、森林小学和青少年可持续发展教育基地。郝堂村小学明确教育为可持续发展服务的时代功能，培养青少年形成可持续发展所需要的学习能力、科学知识、价值观念与生活方式。在素质教育中强化可持续发展价值观教育，在基础教育课程中强化资源节约、环境保护、文化多样性等内容，指导学生关注并积极参与解决社会、经济、环境与文化可持续发展实际问题，成为具备可持续发展理念、全面综合发展的栋梁之材。学校旁设有计件工资制工作坊为妇女提供工作岗位和家庭教育交流平台，工作坊以设备组装和手工产品制作为主，将解决留守在家的妇女就业问题和学生家庭教育问题，妇女们就可以送完孩子上学后在工作坊做手工活挣钱。在工作之余这里还是一所家长学校和妇女公共活动空间，实现了孩子教育、家庭收入和文化生活都不误。

四、美丽中国离不开美丽乡村

乡村建设不是目的，发扬农民的主体性，让他们团结互助和享受幸福生活才是目的。“郝堂·茶人家”可持续发展实验村项目将秉承以人为本、善做善成、科学发展的理念，努力建设成一个我村我树、我村我品、我村我家、我村我业、我村我根的新农村来证明“农民是有尊严的，农业是有前途的，农村是有价值的”。

专家点评

李迪华：郝堂村探索了一条不同的新农村建设道路

北京大学景观设计学研究院副院长、中国国际城市化发展战略研究委员会委员

李昌平介绍郝堂村只是介绍了一部分情况。我去过这个地方，郝堂村的价值更应该是在今天我们大拆大建、在经济建设的时候，走了一条不同的探索新农村建设的道路。这个村在拿到农村建设经费之后，坚持认为这里是一个村子，村子里的道路是不能固化的，所以郝堂村新农村建设的道路是沙石路，没有水泥路和柏油路。这么一个细节让我眼睛一亮。我们今天太需要这样的案例了。

（刊载于《城市化》杂志 2013 年第 1 期）

城市基层治理创新的“招商样本”

明　亮　中国（深圳）综合开发研究院城市化研究所副主任研究员
莫筱筱　北京大学深圳研究生院人文社科学院研究助理、博士
宋　华　中国（深圳）综合开发研究院城市化研究所项目研究员

一、引言

2016年9月25日，深圳市南山区招商街道正在举行一场热情奔放的“蛇口无车日”，男女老少有的跳起桑巴舞、有的穿着环保理念的装扮，大妈们以广场舞巡游、孩子们列队骑行，快乐的场面吸引了辖区居民、中外游人驻足加入。活动发起者是全国第一个由居民以众筹方式成立起来的“蛇口社区基金会”，担任主要组织者的深圳雅克兰德设计公司总经理吴文媛说，这次活动完全是民间自发组织的，得到了区交通、公安、交警、城管、环保等政府相关部门的支持。当然，支持“蛇口无车日”最充分的就是招商街道办事处。

1979年，招商局蛇口工业区发出了“时间就是金钱，效率就是生命”的时代强音，开展了人事制度、工资奖金、住房制度等一系列改革，走出了招商银行、平安银行、中集等一批优秀企业，涌现出一群杰出企业家，拉开了我国改革开放的序幕。

2009年，蛇口工业区所在的招商街道党工委和办事处主要领导更迭。此时，与经济领域改革30年所取得的长足进展相比，我国社会领域的改革建设尚处在起步阶段。一方面基层社会矛盾频发，另一方面社区体制越发行政化、社区党组织核心作用难以发挥、居民自治流于形式，社会治理体系不适应社会的发展。

招商街道新一届班子没有“头疼医头、脚痛医脚”，而是进行了一次持续数年、

稳步推进，涉及“基层管理、社区党建、居民自治、公共服务、社会组织”等多领域、全方位、综合系统的基层治理改革探索。

二、主要做法及成效

（一）以“网格化”推动社会管理科学化

数年之前在南山区一个街道，一名打工者在暴雨中触电身亡，随即发生家属聚众上访的群体性事件。酿成这一悲剧的根源是“城中村”路灯杆漏电。隐患不清、矛盾不明，社会如同坐在火山口上。

2010 年，招商街道开始探索网格化社会管理。将人口管理、社会事务、城市公共服务、民政、卫生、文化以及综治等信息资源和服务资源分解、细化，落实到人，关键是建立排查体系和标准、化解流程和标准，以管理的科学化将矛盾化解在萌芽状态。

那一年的夏日里我们访问招商街道，已经可以通过“网格化”信息终端设备了解辖区各个“网格”不和谐因素的排查和处置情况。到 2011 年底，招商街道各网格共排查矛盾 8293 宗，化解 7764 宗，化解率为 93.6%，其中社区自行化解率达到 91.6%。

社会管理科学化表现在“四个转变”：从少数人做到大家合力做，从事后处理到事前防范，从粗放式管理到精细化治理，从运动式工作方式到常态化工作方式的转变。

（二）以“一核多元”引领社区治理

如何使“社区”回归社会，发挥社区自治协商、互助服务的功能？招商街道发现关键在于基层党建，他们尝试以“一核多元”的区域化党建引领社区治理。

花果山社区的招北小区原来环境差、业主委员会换届选举艰难，在“一核多元”保障下成功选出新一届业主委员会；驻赤湾社区的远东石油工具有限公司实现了

花果山社区党委组织架构示意图

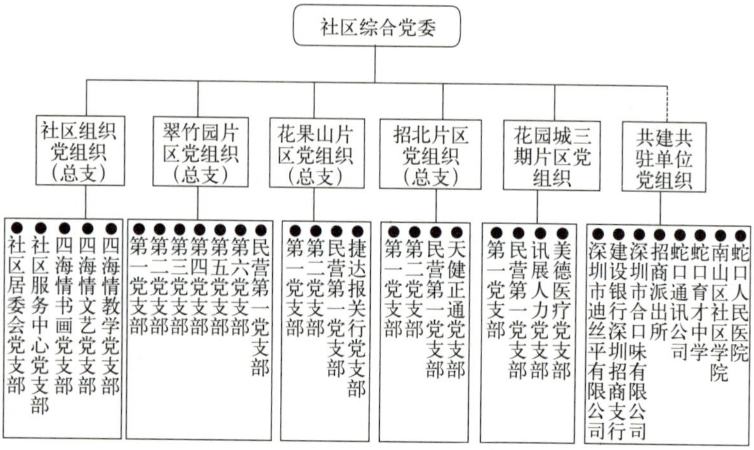

招商街道社区“一核多元”区域化党建组织架构示意图

与社区的资源共享；四海社区综合党委每年开展的“爱心服务卡”活动，通过“双赢”的方式，与辖区煤气站、粮油店等单位结对，免费或优惠为辖区困难党员和家庭提供爱心服务，成果惠及大片区近千人。

“一核多元”，就是以社区为活动阵地建设综合党委，从整合社区资源切入，以构建和谐、文明、幸福社区为目标，建立“组织、制度、保障、评价和引领”五大体系：

在组织体系上推进党建工作区域化，以往设在街道的民营经济党组织的党员、原街道办事处机关老同志党员一律转入所在社区的综合党委。在制度体系上建立与社区党组织架构相适应的党组织书记、党务干部、党建督导员等工作制度，推进各项工作有效落实。在保障体系上确保有人管事、有钱办事、有场所议事；街道党政领导挂点社区任党建督导员，社区综合党委设专职党务干部；给足社区党建工作的财力、物力，重点党建项目重点扶持；把社区党建纳入“工作网”和“民心网”，促进党群互动，整体提升社区党建水平。“评价体系”主要采取组织考核、日常督查、群众满意度测评等综合评价。“引领体系”就是由社区综合党委牵头成立社区“共建共享理事会”，推进社区居委会、辖区企事业单位、社会组织等“多元”力量整合资源，推进和谐社区共驻共建、共治共享。

（三）通过“去行政化”，实现党领导下的居民自治

2006年以来，深圳全市在基层普遍设立了“社区工作站”，以应对迅速增长的城市人口和管理需求。“社区工作站”实施中由于科层体制的固有惯性逐渐行政化。管理层级多、效率递减、机构臃肿、人浮于事、居民主治主体的居委会边缘化渐渐浮现。对此，招商街道选择了社区“去行政化”的探索路径。

第一步是通过社工机构运营“社区服务中心”，逐步承接行政主导的“社区工作站”的相关职能。变“街道办事处—社区工作站”之间上下级隶属关系为“街道办事处—社区服务中心”之间平等的契约关系。适时撤销“社区工作站”，将工作站原有159项事务整合优化为15个项目，由进驻运营中心的专业社工服务机构承接。“社区服务中心”成为全覆盖、多层次、可持续的社区综合服务体系。

第二步是恢复居委会的自治功能，强化居委会的四大职能：服务职能，变居委会直接服务为向社会组织运营的“社区服务中心”借力服务；议事职能，居委会下设社区社会管理委员会、社区公共服务委员会、社区环境建设委员会三个专门议事机构，凡涉及民生的公共事务均通过居民议事讨论决定；枢纽职能，依据街道制定的《培育和扶持社区社会组织暂行办法》，培育发展业委会、文体类和综合服务类社区社会组织，协调健全社区社会组织备案登记和自主管理制度；监督职能，居委会全程参与政府购买社区服务，强化对“社区服务中心”日常运营的监督和评价。

（四）公共服务提质的同时实现“零临聘”

2009年街道新班子第一天开大会，党工委书记黄立新就说，希望大家理解，从今以后从我做起一律不进编外人员、临聘人员。事后证明，这个廉政的自律是公共服务改革的前提。

城市街道办机构膨胀之病司空见惯，大量临聘和协管人员专业能力不足，依赖着体制但有没有体制内晋升空间，因而服务不到位、群众不满意在所难免。如今在招商街道，没有临聘人员、协管人员。从前的临聘人员随着公共服务专业化的推进，有社区工作能力突出的转型为社区服务中心主任、副主任；部分协管员考取社工证，成为专业社会工作者；当然也有的选择了其他的就业方向。

以街道“行政服务中心”为例，招商街道要将“行政服务中心”变得像银行那样的“一窗式”，每个服务窗口“一窗多能”，可以办理计生、劳保、民政等所有为居民服务事项，并将窗口业务项目化，交给有资质的社工组织运营。服务标准提升了，岗位要求严格了。如今招商街道的公共服务均通过项目外包方式，养事不养人，实现了从社区行政组织到综合服务平台的转型；从财政供养人员到专业社工人员的转型。招商街道在推进基层公共服务供给侧改革方面探索经验也被南山区委、区政府所肯定并尝试在全区推广。

（五）以社会组织为“伙伴”，多元参与、和谐善治

招商街道党工委谋划基层治理之初，就反复讨论党的十七大报告提出的“三个最大限度”：“最大限度增加和谐因素、最大限度减少不和谐因素，最大限度激发社会活力”，他们把培育社会组织作为激发社会活力的抓手。引言提到的那场创意无限、精心组织的“蛇口无车日”活动，就是一次完全由社会组织发起、辖区居民积极参与、政府相关部门配合支持的欢乐嘉年华，其主办方正是全国首个由居民自发成立的社区公益基金会——“蛇口社区基金会”。

在基金会理事选举会议上，招商街道党工委、花果山社区综合党委的领导均以“观察员”身份参加。2015 年 12 月 27 日，在基金会的揭牌仪式上，招商街道又与基金会签署合作协议，为社会组织的成长给予最需要的呵护、陪伴和培育。

招商街道培育社会组织主要做法还包括：一是，政策、资金扶持方面，2009 年招商街道就出台《培育扶持社区社会组织暂行办法》，为社会组织投入专项扶持

经费，街道办财政支出用于购买和支持社会组织服务的资金约占20%；二是，孵化培育方面，“招商街道社会组织服务中心”是社区社会组织孵化基地，由中心有针对性培育社会组织，完成孵化后承接街道相应的社会公共服务，逐步实现自我服务、自我发展、自我管理。街道先后在区民政部门备案登记了100多个社团组织。三是，提升环境方面，岗位社工集约办公，共享基层政府资源；四是，强化政社互动方面，让社工机构分别挂口街道机关不同的科室，以便链接各级政府的资源。

经过多年的“培育”和“陪伴”，社会组织正成为基层治理和社区建设的参与主体。除了前述社工机构承接了“社区服务中心”管理服务工作外，“四海情”老年大学等文体社团在活动中增加了社区成员的沟通，增强了社区凝聚力；“楼栋长联合会”承接了年度入户调查工作；策划实施“蛇口无车日”的“蛇口社区基金会”还承接了“幸福招商大讲堂”系列活动。

三、招商街道基层治理创新的启示

（一）基层治理需要立意高远主动探索

招商街道7年多的基层治理改革探索，其出发点不仅仅是基层角度完成任务，贯彻落实，而是从党和国家社会建设的大局着眼立意，自加压力，主动探索。

在没有特殊政策、没有专项经费的条件下，招商街道党工委办事处一班人一干就是7年，开展了从区域党建、公共服务到居民自治和社会组织培育等一系列改革探索，取得了公共服务社会化、政府机构“零临聘”等具有说服力的成果，这与党工委书记黄立新同志带领的一班人聚精会神、一心一意探索社会治理分不开。黄立新同志个人的管理学专业背景、长期基层工作经历使他善于运用科学管理的方法整体谋划社会治理，但更重要的是他和他的同志们对于社会建设的使命感，全身心投入社会治理的实践，以廉政为善政开路的意志。正如南山区一位区委领导所说：“他是一个改革的人，好像一股清流”。由于城市基层治理的创新刚刚起步，评价标准并不完善，招商街道的实践表明基层治理是一项典型的“一把手工程”，需要在干部配备、任期上格外重视做出安排。

（二）以“横切面”统筹条块联动

城市街道办是政府与社区间的纽带，街道党工委与农村区域的县委一样，也是“治国理政的一线指挥部”。基层治理是系统工程，需要街道与政府各部门统筹联动。在现有行政管理体制下，“块块”是“基层”，“条条”是“上级部门”，难免在协调中出现矛盾。因此，作为“块块”的负责人必须有所担当、消化改革中的短期阵痛和种种不理解不支持。招商街道在设立“审批中心”整合相关业务科室审批职能过程中，一个科室的上级主管部门不够理解，在当年业务考核中将招商街道排在了全市倒数第一！这提醒我们基层治理创新需要宽松的制度环境，为先行先试者创造有利于改革的外部条件。

（三）把握节奏，重点突破，循序展开

制定“三年行动计划”是招商街道的重要工作方法，针对街道社会治理的轻重缓急，结合党和国家的大政方针，锁定一个改革领域，整合各种优势资源逐年突破。

第一个“三年计划”中，2010年为“基层基础年”，开展了“一核多元”区域化党建和“一格三员”网格化管理；2011年为“社区服务年”，在花果山社区以“社区服务中心”率先探索跨部门综合性非行政化的社区服务模式，街道行政服务中心实行“一窗式”、“一体化”服务模式和“全景式、菜单式”公共文化服务模式，以贴近居民、提升服务；2012年为“社区治理年”，以花果山社区为切入点，全面提升社区治理水平。

第二个“三年计划”中，2013年是“制度建设年”，为使创新落实为制度，为街道和社区制定了200多项制度和规范；2014年开展“多元互动年”，扩大社会参与，提升政企、政社、政民互动水平。这一年全党开展群众路线教育实践，两者恰好有机结合；2015年是“质量提升年”，旨在精耕细作、打磨细节、体现效果、形成标准；

2016年，招商街道党工委谋划未来三年的工作，希望在创新的基础上构建基层治理中政府和社区的标准，以引领未来的社会建设。这一年招商街道获得中国社会工作联合会社区工作委员会颁发的“全国创新型社区建设示范街道”奖。

（四）社会治理任重道远，需顶层设计、战略推进

30多年前，中国既没有独立于政府的市场，也没有独立于政府的社会。经过30多年经济体制改革，市场经济的观念、制度深入人心，而社会的建设才刚刚开始。例如“蛇口社区基金会”的发起者中很多都是当年跟随袁庚创建工业区的“老蛇口”，他们在基金会的运作中发现，社会组织的使命和规则不同于企业，为了有效地决策，理事会成员坐下来一起学习“罗伯特议事规则”。可见，即使是对市场经济逻辑非常熟悉的蛇口人，对社会组织的运行逻辑还是相当陌生的。整体来说，社会治理的规律还是有待在实践中认识的领域。

例如，政府公共服务的责任边界在哪里？社区内部的公共需求是否应由财政支出来满足？政府是否应建立公共服务的清单？“民生微实事”一类的公共投入如何形成长效机制？业主委员会与居民委员会应当是什么关系？业委会的法定性如何确定、其成员的权利义务如何匹配？

当年计划经济严重阻碍国民经济发展，经济体制改革需要“杀出一条血路”的时候，中央是通过建立蛇口工业区、深圳特区等一批“试验田”，逐步培育出一个中国共产党领导下由政府调节与规制的“市场”。今天，当维稳经费超过军费，中国社会处在矛盾风险冲突叠加状态下，能否用未来30年闯出一个“党的领导、依法治国、人民群众当家做主”三位一体的“社会”？来自蛇口的“招商样本”正在引发我们深入的思考。

（刊载于《城市化》杂志2017年第11期）